꿈은
오늘이다

DREAM
MANUAL

꿈은
오늘이다

김 헌 지음

슬기로운 자기관리
〈드림매뉴얼〉

나만의 꿈을 찾고 정리하며 이루어 가는
내 꿈 사용설명서

★ ★ ★ ★
꿈의 현실화 도구
〈드림매뉴얼
워크북 2.0〉
수록

도서출판 등

왜, 이 책을 썼는가?

이 책은 미래 단어 같은 '꿈과 비전'을 '오늘'로 현실화하기 위해 썼다. 지난 25년간 사회복지와 교육 분야에서 일하며, 다양한 사람들을 만났다. 삶의 내용은 다르지만, 모두가 행복하게 살아가길 원한다. 행복은 기대와 설렘을 담은 꿈과 연결되어 있다. "어떻게 '꿈'과 '오늘'을 잘 연결할 수 있을까?" 질문하고 고민하며, 책을 쓰기 시작했다.

꿈은 내일이 아니라, 바로 오늘이다. 사람은 잠시 후의 일도 알 수 없다. 주어진 현재, 오늘을 살아갈 뿐이다. 최선으로 살아간 오늘이 이어져 인생이 되고, 그 이야기가 바로 꿈의 여정이다.

이 책은 2017년 출간한 《드림매뉴얼 : 자기복지 꿈 노트》 후속편이다. '드림매뉴얼Dream Manual'은 해석하면 '꿈 설명서'다. 각자의 꿈을 발견하고 현실화하도록 돕는 도구다. 나만의 꿈을 찾고 정리하며 이루어 가는 8쪽짜리 내 꿈 사용설명서이다. 《드림매뉴얼 : 자기복지 꿈 노트》 책을 읽지 않은 독자를 위해 드림매뉴얼의 탄생 실화를 소개한다.

\<드림매뉴얼\>의 탄생 실화

저는 40대를 백수로 시작하였습니다. 회사 경영이 악화되어 사직서를 제출하고 대책 없이 실업자 신세가 되었습니다. 그 당시 저는 생계를 책임지는 4인 가족의 가장이었습니다. 시간이 지날수록 느껴지는 다양한 종류의 압박감은 그동안 겪은 어떤 어려움보다 훨씬 컸습니다. 이대로 있다가는 극단적인 결정을 내릴 것 같은 두려움이 몰려왔습니다.

그러던 중 뭐라도 의미 있고 가치 있는 일을 하겠다고 결심했습니다. 무작정 1991년 일기장부터 각종 수첩, 독서노트 등 저와 관련된 모든 기록물들을 컴퓨터에 정리하기 시작했습니다. 모두 정리해보니 A4용지로 300여 쪽 분량이 되었습니다.

1차 정리된 내용들을 마치 과거 인생의 조각들을 맞추듯이 비슷한 내용끼리 합치는 작업을 진행하였습니다. 2차 요약된 글들을 다시 한번 유사한 내용끼리 묶고 각각에 대표적인 문장을 만들었습니다. 그 문장들에 상징적 이름을 붙이고 마지막으로 전체를 통합하는 이름을 지었습니다.

이렇게 해서 저의 꿈 이름이 탄생했습니다. 저의 꿈 이름은 '드림헬퍼(Dream Helper)'입니다. 그 의미는 '사람들이 꿈을 이루며 살아가도록 돕는 사람'입니다.

이와 같이 흩어져 있던 삶의 기록물을 '꿈 이름'을 생각하며 정리하는 과정을 단순화하고 체계화하여 8쪽짜리 '드림매뉴얼' 초안을 만들었습니다. 드림매뉴얼은 말 그대로 내 꿈 사용설명서입니다. 꿈을 찾고 체계적으로 정리하는 방법을 알려주는 꿈 정리 도구입니다. 드림매뉴얼을 만들고 진정한 나를 발견하는 기쁨으로 한동안 설렘과 감동의 시간을 보냈습니다. 하마터면 잘못된 길로 갈 수 있었던 백수기간을 가치 있게 보낼 수 있어 천만다행이었습니다.

하지만 얼마 지나지 않아 마음에 허전함과 사명감 같은 것이 느껴졌습니다. 저의 꿈 이름이 '드림 헬퍼' 즉, '사람들이 꿈을 이루며 살아가도록 돕자'가 미션이라면 즉시 실천해야겠다고 다짐하였습니다.

우선 8쪽짜리 미니수첩 형태로 50부 인쇄 제작하여 간단한 설명과 함께 지인들에게 나누어 주었습니다. 드림매뉴얼을 받아본 사람들의 공통된 의견은 간결해서 좋기는 한데 구체적인 안내가 필요하다는 것이었습니다. 이렇게 해서 드림매뉴얼 완성을 위한 연습장이라 할 수 있는 꿈 노트를 책으로 만들게 되었습니다.

《꿈은 오늘이다》책을 쓰기 위해 사회복지 관련 최근 400여 회 강의 경험과 통찰, 1991년 12월부터 2023년 2월까지 일기, 메모, 독서록 등 삶의 기록물 내용을 발췌했다. 그동안 만났던 수많은 사람과의 인생 이야기를 연결하며 감동과 깨달음을 담아 글을 썼다.

내일을 걱정하는 사람이 참 많다. 필자도 예외는 아니다. 각종 시험에 긴장과 두려움을 안고 사는 학생들, 취업과 불안정한 미래를 준비하는 청년들, 노년과 남은 인생을 걱정하는 중·장년층 등이 있다.

내일이 아닌 오늘을 잘 살아야 한다. 이를 위해 여섯 가지 질문을 던진다. **여섯 가지 질문은 걱정, 문제, 만남, 보물, 행복, 할 일 등의 여섯 가지 슬기로운 자기관리 키워드와 연결되어 있다.**

1. 내일이 걱정되나요?(걱정관리)
2. 닥친 문제, 잘 해결하고 싶나요?(문제관리)
3. 좋은 만남, 하고 싶나요?(만남관리)
4. 당신의 보물은 무엇인가요?(보물관리)
5. 진정한 행복의 조건, 궁금한가요?(행복관리)
6. 하고 싶은 일, 하면서 살고 싶나요?(할 일관리)

위의 여섯 가지 질문 중, 한 개 이상에 '네'라고 답했다면 이 책이 당신에게 도움이 될 것이다.

만약, 모든 질문에 '아니오'라고 답했다면 이 책을 재활용쓰레기로 버리거나 냄비 받침대로 사용해도 괜찮다.

필자는 크리스천이다. 각 장마다 성경으로 배우는 지혜의 내용을 넣었다. 크리스천이라면 꼭 읽어보길 추천한다.

책 내용 중, 한 문장이 당신의 꿈 인생 성장판을 자극하여, 꿈은 먼 미래의 추상적인 것이 아니라 바로 오늘임을 경험하길 바란다.

아무리 좋은 책이라도 행동이 뒤따르지 않으면, 그저 주어진 지식을 얻었을 뿐이다. 세계적인 베스트셀러《카네기 인간관계론》에서도 이 점을 강조하고 있다.

"사실 우리가 격언 대부분을 적용한다면 거의 완벽에 가까운 삶을 영위할 수 있을 것이다. 그러나 무릇 지식이라는 것은 실천하고 나서야 비로소 힘이 된다. 그러므로 이 책의 목적은 새로운 것을 가르치려는 것이 아니다. 다만 이미 알고 있는 사실을 일깨워서, 그것을 적용하도록 고무하고 격려하는 것이다."[01]

이 책의 목적도 마찬가지다. **이미 알고 있는 사실을 새롭게 깨**

달아 새로운 인생이 시작되도록 돕는 것이다. 앎을 삶으로 실천하도록 〈드림매뉴얼 워크북 2.0〉을 수록했다. 잠깐 시간 내어 각 항목에 기록한다면, 당신은 이전과는 다른 새로운 삶이 시작될 것이다.

이 책이 있기까지 고마운 분들이 참 많다. 그동안 내게 행복한 자극을 준 수많은 사람들, 행복의 원천인 사랑하는 가족들, 새로운 인생을 세워준 세종꿈의교회 공동체에 감사한다. 카네기 CEO과정을 함께한 아름다운 사람들이 집필의 동력이 되어 감사하다. 처음부터 끝까지 좋은 길로 인도해 주시고 지금도 함께 계신 하나님께 정말 감사하다.

행복은 선택이다. 행복은 결단이다.
행복은 내일이 아니라, 오늘의 선택과 결단이다.

불행을 선택할 것인가? 행복을 선택할 것인가?
오늘 결단할 것인가? 다음으로 미룰 것인가?

열정적인 행동이 꿈의 사람을 만든다.
당신의 꿈과 인생을 응원한다.

꿈은 미래에서 오늘의 나를 보는 것이다.
비전은 내가 바라는 미래의 그림이다.

꿈과 비전은 오늘의 나와 연결된다.
오늘을 잘 살면 꿈은 이루어진다.

그렇다면, 어떻게 오늘을 잘 살 수 있을까?

이 책에서 제시하는 여섯 가지 질문에 답해보라.
슬기로운 자기관리 키워드를 담은 〈드림매뉴얼 워크북 2.0〉을
작성해 보라.

꿈은 하늘에 떠 있는 구름 잡듯이 현실과 멀리 떨어진 것이 아니다.

꿈은 실제이며, 그 꿈을 발견하고 이루어 가는 오늘이 내일을 만든다.

꿈은 내일이 아니라 오늘이다.
행복은 이미 당신 안에 있다.

꿈은 내일이 아니라, 오늘이다

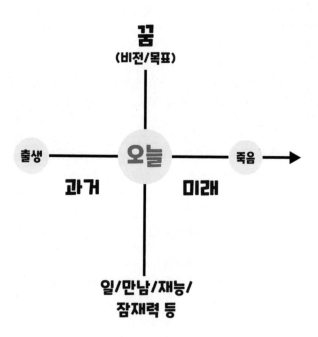

꿈과 오늘

<X축 : 크로노스 시간 Y축 : 카이로스 시간>

고대 그리스어(헬라어) 시간, 때를 나타내는 두 가지 말

○ 크로노스(Chronos) : 일반적으로 연속적 흘러가는 물리적인
   객관적 시간
○ 카이로스(Kairos) : 사람들 각자에게 특별한 의미로 적용되는
   주관적 시간

고대 그리스어헬라어에는 시간을 나타내는 두 가지 말이 있다.

첫째, 크로노스Chronos의 시간이다. 크로노스 시간은 일반적으로 연속적으로 흘러가는 물리적이고 객관적인 시간이다. 보통 우리가 사용하는 시계가 나타내는 시간이다.

둘째, 카이로스Kairos의 시간이다. 카이로스 시간은 사람들 각자에게 특별한 의미로 적용되는 주관적 시간이다. 만약 의학적으로 시한부 판정을 선고받은 환자가 기적처럼 병이 나았다면, 시한부 판정 시간은 '크로노스의 시간'이고, 생이 연장되어 새로운 삶을 살아가는 시간이 '카이로스의 시간'이다.

우리 모두는 과거로는 갈 수 없는 물리적 시간, 크로노스의 시

간에 따라 본인의 출생을 제어할 수 없다. 일단 출생하면 세상에 태어나 죽을 때까지 오늘과 오늘이 이어져 인생이 된다. 이미 지나간 과거를 수정할 수 있는 사람도 절대 없고, 미래는 미지의 영역이다. 우리는 잠시 후에 일어날 일도 알 수 없기 때문이다.

꿈과 비전은 과거, 오늘, 미래 중 '오늘'과 실제적 관련이 있다. 오늘 일하고, 만나고, 재능과 잠재력을 발휘하는 생활이 꿈을 이루어 가는 과정이다.

"꿈은 내일이 아니라, 바로 오늘이다."

목차

제 1 장

슬기로운 걱정관리

내일 걱정 안 하고 오늘을 잘 사는 법

제 2 장

슬기로운 문제관리

문제를 잘 해결하는 법

제 3 장

슬기로운 만남관리

좋은 관계로 내 한계 뛰어넘기

제4장

슬기로운 보물관리

나의 보물, 잘 찾고 관리하기

제5장

슬기로운 행복관리

진정한 행복 발견하기

제6장

슬기로운 할 일 관리

'하고 싶은 일'과 '해야 할 일' 잘 연결하기

제7장

슬기로운 자기관리

슬기로운 자기관리 〈드림매뉴얼〉

"내일을 걱정할 것인가?
오늘을 잘 살 것인가?"

제 1 장

◆

슬기로운
격정관리

◆

내일 걱정 안 하고,
오늘을 잘 사는 법

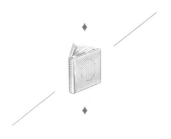

내일 일어날 일을 알 수 있을까? 불가능하다. 우리는 신이 아니기 때문이다. 그런데도, 우리는 내일의 계획을 세우고 긴장과 걱정으로 시간을 보내는 경우가 많다. 물론 특별한 계획 없이 그럭저럭 살아가는 사람도 있을 것이다. 기질과 성향에 따라 사람마다 다르다. 매년 연말이 되기 전에 다음 해 달력과 다이어리를 준비하는 계획적인 사람이 있고, 상황이 임박하여 행동하는 사람도 있다.

"만병의 근원은 스트레스다."라는 말이 있다. 맞는 말이다. 정신과 전문의뿐만 아니라, 내과 의사도 진료 상담 하며 '스트레스'라는 단어를 자주 언급한다. 스트레스가 건강에 안 좋은 영향을 준다는 데는 거의 이견이 없을 것 같다. 보통 스트레스를 받는다고 하는데, 여기에 내일 걱정 안 하고, 오늘을 잘 사는 법의 단서를 발견할 수 있다.

내일 걱정에너지를 오늘 생활에너지로 사용

'스트레스 받다'의 표현에는 스트레스를 주는 사람이 있거나, 나 스스로 스트레스를 만드는 경우가 있다. 타인이 주는 스트레스는 서로의 성격과 기질, 조직 내 위치 등의 변수가 많아 어떻게 반응하느냐가 정신건강에 중요하다. 여기서 강조할 것은 나 스스로 스트레스를 만드는 경우다. 지난 일에 집착하고, 내일 일을 걱정하는 것이다. 과거로 돌아갈 수 없고, 미래도 알 수 없다는 걸 알면서도 걱정이 생긴다.

《카네기 스트레스론》에 소개된 예화이다.

메트로폴리탄 생명보험 회사는 피로에 관한 홍보자료에서 이 사실을 지적하고 있다.

"일 자체에서 오는 피로는 대개 충분한 수면과 휴식으로 회복된다. 걱정, 긴장, 감정의 혼란이 피로의 세 가지 원인이다. 이따금 육체적 혹은 정신적인 노동에서 기인하는 것처럼 생각되는 피로도 사실은 이 세 가지 요소가 그 원인이 되는 경우가 많다. 언제나 긴장하는 근육은 활동을 하고 있는 육체의 일부분이라는 것을 잊지 마라. 마음을 편하게 가져라! 그리고 중대한 일을 위해 에너지를 축적하라."02

스트레스는 심리적 신체적 긴장 상태를 만들고 지속되면 심장병, 위궤양, 고혈압 등의 질병과 불면증, 우울증 등의 심리질환을 일으키는 것으로 알려져 있다. 한마디로 스트레스는 건강을 해친다. 걱정도 마찬가지다. 일단 걱정과 스트레스가 건강에 안 좋다는 것은 확실해진다. 수시로 발생하는 걱정과 스트레스를 어떻게 관리할 수 있을까?

내일 일을 염려하지 않고 오늘에 집중하는 것이 현명하다. 다시 한번 강조하지만, 내일은 알 수 없다. 내일 걱정할 에너지를 오늘 준비하는 데 사용하는 것이 지혜로운 행동이다. 또한, 불가항력적인 것은 받아들여야 한다. 자연재해나 갑작스러운 사고는 내 노력으로 어찌할 수 없다. 수용하고 인정하는 것이 마음 건강에 좋다. 정리하면, 지난 과거는 잊고 내일 걱정에너지를 오늘 에너지로 사용하는 것이 슬기로운 자기관리다.

"내일은 알 수 없다.

내일 걱정할 에너지를 오늘 생활하는 데

사용하는 것이 지혜로운 행동이다.

내일 걱정에너지를 오늘 생활에너지로 사용하는 것이

슬기로운 자기관리다."

지금 여기, 오늘을 살라

지금, 현재의 순간에 내게 주어진 '인생의 과제'에 춤추듯 즐겁게 몰두해야 한다. 그래야 '내 인생'을 살 수 있다.[03]

《미움받을 용기》의 저자는 말한다.

"선처럼 보이는 삶은 점의 연속, 다시 말해 인생이란 찰나_{순간}의 연속이라네. 우리는 '지금, 여기'를 살아갈 수밖에 없어."[04]

댄 자드라는 《파이브》 책에서 '지금 여기'를 강조하고 있다.

"중요한 것은 지금, 여기다.

현재에 집중하라.

과거는 바꿀 수 없고,

미래는 끊임없이 변화한다."[05]

왜 지금이 사랑을 표현하기에 가장 좋은 때인가? 그것은 앞으로 사랑을 표현할 수 있는 기회가 얼마나 있을지 알 수 없기 때문이다. 상황은 변한다. 사람은 죽고 아이들은 자란다. 언제나 내일이 있다고 아무도 장담하지 못한다.[06]

사랑하는 사람이 옆에 있을 때, 잘해야 한다. 내일이 아니라 바로 오늘, 최선을 다해야 한다.
나폴레온 힐은《놓치고 싶지 않은 나의 꿈 나의 인생》에서 '오늘'을 시적으로 표현하고 있다.

"어제는 꿈에 지나지 않고
내일 또한 환상에 지나지 않는다
그러나 충실하게 지낸 오늘은
어제도 행복한 꿈이라 생각하고
내일은 희망에 찬 환상이라."[07]

행복이 머무르는 곳은 언제나 현재다. 지금 여기에 있는 행복이 행복이다. 그런데 현재라는 시간은 하나의 과정이며 흐름이다. 미래에서 현재를 거쳐 과거로 가는 것이 시간이라고 해도 현재는 지나가는 과정이며, 시간이 과거로부터 현재를 거쳐 미래로 간다고 해도 현재는 지나가는 순간순간이다.[08]

쉬면서 일하기

조그만 카페에서 시작하여 수천 명의 성도가 모이는 교회를 개척한 세종꿈의교회 안희묵 목사는 《미래, 다시 꿈꾸다》에서 '쉼'의 중요성에 관해 이야기하고 있다.

"하나님도 쉬셨습니다. 그런데 현대를 살아가는 많은 사람이 욕심 때문에 쉬지 않고 일합니다. 남들이 쉴 때 일하면 그만큼 더 많은 성과를 낼 수 있을 거라고 기대하기 때문입니다. 이것은 경쟁 사회가 낳은 폐해입니다. 또 '내가 아니면 안 된다'는 교만한 생각도 쉼을 누리지 못하게 하는 요인이 됩니다."[09]

의사인 스웬슨은 인간이란 뜻밖의 위기나 기회에 대비해 삶에 여유여백를 두어야 한다고 강조했다. 그의 공식은 "힘-짐=여백"이다.[10]

《내면세계의 질서와 영적 성장》의 저자 고든 맥도날드는 하루 시간의 지혜로운 활용에 대해 말하고 있다.

"생산성이 최고로 높은 때를 비롯한 생활 리듬을 알아야 한다. 여러 다양한 일들이 특정 시간대에, 특정 조건하에서 가장 잘 성취된다는 점이다.

연구 시간으로는 방해 없이 한동안 홀로 보낼 수 있는 이른 아침이 좋다. 그리고 사람을 만나는 시간으로는 사려 깊고 통찰력이 생기는 오후가 적합하다."[11]

우선순위

존 맥스웰은 《리더십의 법칙 2.0》 책에서 일의 우선순위를 언급하고 있다. 시급한 것보다 중요한 것이 우선이어야 한다.

꿈은 오늘이다

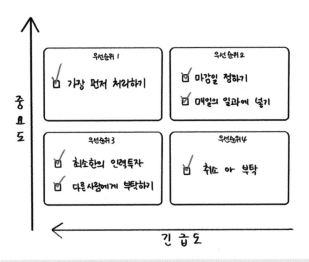

중요도, 긴급도 기준에 따른 우선순위

- 매우 중요/매우 긴급 : 이런 일을 가장 먼저 처리하라.

- 매우 중요/덜 긴급 : 마감일을 정하고 매일의 일과에 넣으라.

- 덜 중요/매우 긴급 : 최소한은 인력과 투자로 이런 일을 빠르고도 효율적으로 해낼 수 있는 방법을 찾으라. 가능하다면 타인에게 위임하라.

- 덜 중요/덜 긴급 : 이런 업무는 가능하면 없애거나 위임하라.[12]

기술 지식 역시 그다지 중요한 경쟁력이 되지 못할 것이다. 대부분의 기술은 공개되었고, 공개되지 않는 기술은 돈을 주고 구입할 수 있게 된다. 명문대 공대생이 4년 동안 배운 내용은 90%이상이 이미 기업에서 컴퓨팅과 프로그램으로 가능한 것들이다. 지금 우리가 알고 있는 지식이라는 것들은 갈수록 가치가 떨어질 것이다. 굳이 습득하거나 외우지 않아도 언제 어디서든 검색하고 활용할 수 있기 때문이다. 즉 언어 소통보다는 의사소통이, 지식보다는 지혜가, 암기력보다는 이해력이, 매뉴얼보다는 창의력이 경쟁력 있는 실행력이 될 것이다.[13]

세계적인 미래학자 마우로 기엔은 그의 책《2030 축의 전환》에서 2030년도에 초점을 두고 시대 변화와 대응방안을 제안한다.

"중요한 점은 2030년이 되면 과거의 기준이나 구분은 더 이상 의미가 없어진다는 사실이다. "우리가 연구하는 인구통계학이 오히려 사람들을 깊이 이해하는 데 방해가 될지도 모른다_나디아 투마Nadia Tuma맥갠McGann_세계적인 광고대행사 연구와 조사부문 책임자."[14]

미래를 정확하게 예측할 수 있는 사람은 없다. 하지만 조심스럽게 접근해 볼 수는 있다. 그러려면 끊임없이 수평적으로 생각해야 한다. 수평적 사고의 원칙은 다음과 같다.

- 멀리 보기

- 다양한 길 모색하기

- 천릿길도 한 걸음부터

- 막다른 상황 피하기

- 불확실한 상황에서도 낙관적으로 접근하기

- 역경을 두려워하지 않기

- 흐름을 놓치지 않기[15]

"명문대 공대생이 4년 동안 배운 내용은

90% 이상이

이미 기업에서 컴퓨팅과 프로그램으로 가능한 것들이다.

언어 소통보다는 의사소통이,

지식보다는 지혜가,

암기력보다는 이해력이,

매뉴얼보다는 창의력이

경쟁력 있는 실행력이 될 것이다."

프랑스 철학자 몽테뉴는 말했다.

"모래시계의 교훈을 얻는다. 한 번에 한 개씩 천천히 차례를 두고 해나가지 않으면 마치 모래시계가 고장 나듯이 우리의 육체도 파괴되고 말 거야, 한 번에 한 알의 모래.

현명한 인간에게는 하루하루가 새로운 생활이다.

인생이란 그날 그때의 이음을 살아가는 것이다.

'나의 생애는 무서운 불행에 차 있는 것처럼 생각되었지만 그 대부분은 결코 일어나지 않았다.'"

문화심리학자이며 여러가지문제연구소 김정운 소장은 《노는 만큼 성공한다》에서 걱정에 관해 썼다.

"한 심리학자가 사람들의 걱정거리를 모아서 분류해 보니 다음과 같은 결론이 나왔다고 한다.

우리가 걱정하는 것들의 40%는 결코 일어나지 않을 일이다. 즉 하늘이 무너질까 걱정한다는 것이다.

30%는 이미 일어난 일들에 관한 것들이다. 이미 엎어진 물을 걱정하는 것처럼 바보 같은 일이 어디 있을까마는 의외로 많은 사람들이 지나간 일들에 대해 쓸데없는 걱정을 한다.

22%는 아주 사소한 일들에 관한 걱정이다. 정말 '걱정도 팔

자'인 일들에 관해 우린 너무 많은 시간을 보낸다.

우리가 걱정하는 일의 4%는 우리가 전혀 손 쓸 수 없는 일들에 관한 것이다. 결국 걱정해 봐야 자신만 손해 보는 일이다.

이제 4%만 남았다. 이 4%만이 우리가 정말로 걱정해야 하는 일들이다. 그러나 우리는 나머지 96% 걱정거리 때문에 이 4%의 일들을 그냥 지나치는 경우가 너무 많다."[16]

다음과 같은 생각은 자연스럽게 긍정적인 인생관을 기르는 데 도움을 준다.

- 인생에는 좋은 것도 있고 나쁜 것도 있다.
- 좋은 것과 나쁜 것 중 일부는 내가 어쩔 수 없는 것이다. 그게 인생이다.
- 좋은 것과 나쁜 것 중 일부는 내가 가만히 있어도 찾아온다.
- 인생관이 긍정적이면 좋은 것과 나쁜 것이 더 좋아진다.
- 인생관이 부정적이면 좋은 것과 나쁜 것이 더 나빠진다.
- 그러므로 나는 긍정적인 인생관을 선택한다.[17]

"나의 생애는 무서운 불행에 차 있는 것처럼 생각되었지만
그 대부분은 결코 일어나지 않았다."

– 몽테뉴

내일 걱정 안 하고, 오늘을 잘 사는 법

1. 내일 걱정에너지를 오늘 생활에너지로 사용한다.

2. 지금 여기, 오늘을 산다.

3. 쉬면서 일한다.

4. 우선순위를 잘 구분한다.

5. 미래 변화를 참조한다.

6. 긍정적 인생관을 갖는다.

알 : 알게된 것(지식)

....
....
....
....

깨 : 깨닫거나 감동한 것(자아 성찰)

....
....
....
....

실 : 실천할 것(삶에 적용)

....
....
....
....

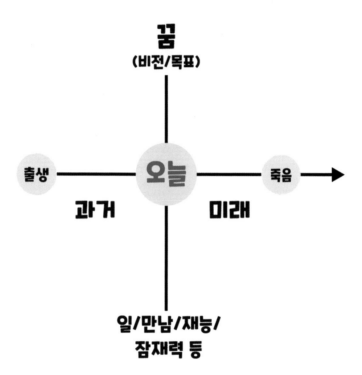

꿈은 오늘이다

성경으로 배우는 지혜

"내 마음속에는 사랑의 개와 걱정의 개,

두 마리가 살고 있다.

나는 지금 어떤 개에게 먹이를 주고 있는가?

그 선택이 오늘과 내일을 만든다."

뷔페식당에 가면, 먼저 자기가 좋아하는 음식을 찾게 된다. 여러 가지 메뉴 중 우선순위에 따라 대략적 순서를 정해 선택하는 것이 보통이다. 그럼 일상생활에서의 우선순위는 어떨까?

사회생활을 하다 보면, 내가 원하는 것을 먼저 할 수 있는 상황은 많지 않다. 물론 조직의 직위에 따라 편차는 있다. **성경은 하나님 나라의 일을 먼저 구하라고 말씀하신다**_{마태복음6:33}. 왜일까? 성경대로 하나님은

'사랑'이라는 사실을 믿는다면, 우선순위의 답은 간단하다. 부족하고 연약하지만 사람들을 사랑하시기 때문이다. 먼저 사랑의 일을 행하면, 반드시 어느 날 응답해 주신다. 당신이 크리스천이라면 잠깐 생각해 보길 바란다.

일상생활은 선택의 연속이다. 어떤 것을 먼저 하느냐, 크리스천의 정체성을 스스로 확인할 수 있다. 남들이 피하는 일인데 공동체를 위해 자원해서 한다면, 그 자체가 하나님 나라를 위한 것이라 할 수 있다. 세상의 상식과 구별됨은 크리스천의 아름다운 모습이다.

김양재 목사는 《복 있는 사람은》 책에 '중독'에 대해 설명하고 있다. "인간은 절대 자신의 힘으로 죄와 욕망과 중독을 끊을 수 없다. 중독은 행위의 옳고 그름으로 판단하는 것이 아니다. 내가 하나님의 자리에서 앉아서 반응하는 모든 것이 중독이다. 내가 하나님 자리에 가 있으면 끊임없이 염려와 비판이 생긴다."[18]

삶을 누리는 이들은 미리 '내일을 살거나' 어제 일로 염려하지 않고 오늘을 충실하게 살아간다. 잠재적인 문제들과 어려움을 생각하고 있으면 당연히 두려워질 것이다. 그러나 우리의 모든 필요를 채우실 하나님의 능력을 믿으면 상황은 달라진다. 내일을 염려하고 있으면 결코 오늘을 누릴 수 없다.[19] 하나님 나라, 천국의 일을 먼저 할 때 평안이 있다.

꿈은 오늘이다

마르틴 루터는 하나님 앞_{Coram Deo}에서는 우리가 믿음으로 의롭게 되고 반대로 사람 앞_{Coram Mundo}에서는 봉사로 의롭게 된다고 단언했다. 우리를 하나님 앞에서 궁극적으로 완전하고 의롭게 만드는 것은 믿음의 피동적인 의_{수직적인 의}이다. 행위의 능동적인 의_{수평적인 의}는 이웃을 사랑하고 이웃에게 봉사함으로 모든 피조물과 문화의 안녕을 책임진다.[20]

《성경적 꿈》의 저자 노이삭 목사는 돕는 것이 꿈인 사람을 책에서 이야기한다.

"정말 남을 돕고자 하는 꿈이 분명한 사람은 해야 할 일들이 정확하게 보이고 무엇에 우선순위를 두고 먼저 행해야 할지가 분별이 됩니다. 돕고 섬기는 것이 꿈이기에 다른 이가 하지 않는 일까지 하고야 마는 성실함은 자연스러운 것이 됩니다."[21]

하나님의 생각과 마음을 구하는 이들에게 성령은 그분의 뜻을 보여 주시는데, 기도, 성경말씀, 다른 사람, 환경 등 네 가지 통로를 통해 그 일을 하신다.[22]

매일 아침 영적 훈련을 하는 시간에 잠깐 틈을 내어 "오늘 나의 사명은 무엇인가?"라는 질문을 던져본다. 이 질문을 규칙적으로 하지 않는다면 판단과 방향 설정을 하는 데 오류를 범할 여지가 많다.[23]

| 두 마리 개에 관한 이야기

두 마리 개에 관한 이야기를 들어본 적이 있는가? 우리 안에는 우리 삶을 지배하려고 싸우는 두 가지 본성이 있다. 그중 불순종한 아담에게 물려받은 옛 본성은 검은 개와 같고, 그리스도의 구속을 통하여 물려받은 새로운 본성은 흰 개와 같다. 이 두 마리 개는 원수로서 서로를 잡아먹으려고 한다. 당신이 세상적인 생각과 행동을 할 때, 당신은 검은 개에게 먹이를 주고 있는 것이다. 마음이나 행동이 영적인 일에 몰두하고 있을 때, 흰 개에게 먹이를 주고 있는 것이다. 당신이 먹이를 더 많이 주고 있는 개가 더 크게 자라서 결국 다른 개를 잡아먹는다.[24]

안희묵 목사는《미래, 다시 꿈꾸다》에서 결단을 강조한다.

"우리는 직업이나 장소, 함께할 사람뿐만 아니라 감정도 선택해야 합니다. 분노를 선택하며 분노하게 되고, 용서를 선택하면 용서하게 됩니다. 사랑을 선택하면 사랑하게 되고, 미움을 선택하면 미워하게 됩니다. 그러나 진정한 변화는 선택이 아니라, 결단에서 시작됩니다."[25]

"분노를 선택하며 분노하게 되고,

용서를 선택하면 용서하게 된다.

사랑을 선택하면 사랑하게 되고,

미움을 선택하면 미워하게 된다."

"문제가 무엇인지
잘 아는 것이 먼저다."

제 2 장

슬기로운
문제관리

문제를
잘 해결하는 법

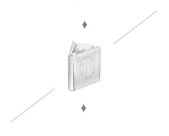

당신은 문제를 만나면 어떻게 해결하는가? 구체적으로는 어떤 순서로 반응하고 행동하는가?

"알아야 면장이지."라는 말이 있다. 면장面牆은 논어에 나오는 면면장免面牆에서 유래되었다. 한자어 차례대로 '면할 면免, 얼굴 면面, 담벼락 장牆' 자이다. 담벼락을 얼굴로 마주하는 것을 면한다는 것이다. 즉, 잘 알면 담 같은 장벽을 면할 수 있다. "알아야 면장이지."라는 말은, '어떤 일이든 그 일을 하려면 그것과 관련된 학식이나 실력을 갖추고 있어야 함'을 비유적으로 이르는 말

이다 출처 : 네이버 국어사전.

문제를 만나면, 우선 문제에 대해 잘 알아야 한다. 문제가 무엇이고, 문제의 원인이 무엇인지 명확하게 파악해야 한다. 한마디로 문제를 정의하는 것이 가장 먼저 할 일이다. 조급하게 문제를 해결하다 보면, 임시방편이나 또 다른 문제가 발생하기도 한다.

한편, 선물 같은 문제도 있다. 닥친 문제를 잘 해결하기 위해, 공부하고 회의하며 열띤 과정을 거치게 된다. 이런 과정을 통해 좋은 결과와 예상하지 못한 선물을 얻을 때도 있다. 최소한 그 문제를 해결할 수 있는 당신의 재능을 발견하였고, 그 원리를 터득하여 다른 사람에게 가르칠 수도 있다.

"문제를 만나면,
우선 문제에 대해 잘 알아야 한다.
문제가 무엇이고,
문제의 원인이 무엇인지
명확하게 파악해야 한다.
한마디로
문제를 정의하는 것이
가장 먼저 할 일이다."

문제에 어떻게 반응할 것인가?

문제가 문제인지 아는 것, 문제라는 것을 알았다면 그 문제를 정의하는 것부터 시작이다. 문제를 못 풀 때도 있지만 그것은 실패가 아닌 성공의 다른 경험이라 여기는 것이 성장의 비결이다. 다시 한번 강조하지만, 문제를 만났을 때 문제가 무엇인지 잘 아는 것이 먼저다.

데일 카네기는 《카네기 스트레스론》에서 업무상의 고민을 반으로 줄이는 방법을 소개한다.

"어떤 문제에 대해 걱정이 생길 경우, 다음의 물음을 생각해 보라.

① 문제는 무엇인가?

② 문제의 원인은 무엇인가?

③ 문제를 해결할 수 있는 가능한 방법은 무엇인가?

④ 최선의 해결책은 무엇인가?"[26]

문제 안에 있으면 문제를 보지 못한다. 빨리 해결하려는 마음에 답을 찾으려 하기보다 해결방안, 즉 길을 찾으려고 해야 한다. 문제에 초점을 맞추면, 집착이 생기고 문제 안으로 들어가게 되어 시야가 좁아진다. 문제를 만나면, 가장 먼저 해야 할 일은 문제를 정의하는 것이다.

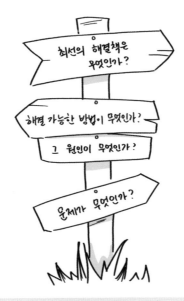

문제해결 프로세스 예시

현재는 미래와 연결되어 있다

R.T.켄달은《끝날 때까지 끝난 것이 아니다》책에서 처음 방향
잡기가 얼마나 중요한지에 대한 예화를 들고 있다.

"뉴욕 존 F. 케네디공항에서 이륙하여 런던 히드로공항으로 날
아가는 비행기가 있다고 가정하자. 이륙한 지 얼마 지나지 않았

을 때, 비행기가 항로에서 아주 조금 이탈한 것을 기장이 알아차렸다. 어쩌면 기장은 속으로 '이건 항로에서 아주 조금 벗어난 것이니까 잠시 뒤에 조정해도 괜찮아'라고 생각할지도 모른다. 그러나 즉시 본 항로로 복귀하지 않으면, 7시간 후에는 원래 목적지인 런던 히드로공항이 아닌 스페인 상공을 날고 있을 것이다."[27]

2030년을 준비하기에는 아직 늦지 않았다. 가장 중요한 것은 우리가 아는 세상이 10년 이내, 적어도 우리의 인생 어느 지점에서 사라질 수밖에 없다는 사실을 깨달아야 한다는 점이다. 이런 깨달음은 기존 사고방식이나 사상을 계속 존중하는 대신 도전하는 방향으로 이어져야 한다. 다양하게 생각하고 점진적으로 발전시키며 모든 선택의 여지를 열어두고 새로운 기회에 집중하며 부족한 상황을 두려워하지 않고 흐름을 놓치지 않음으로써 수평적 연결을 추구하라.

우리가 아는 세상은 변하고 있으며 결코 원래의 모습으로 돌아가지 않는다는 사실을. 세상은 변하고 있다.[28]

《마시멜로 이야기》 책에 아는 것과 실천 행동에 관한 통찰을 주는 내용이 있다.

"몇 시간 뒤, 일주일 후, 한 달 뒤, 1년, 5년, 10년 후 미래에서 지금 현재를 바라보는 훈련을 해야 한다. 아는 것에서 멈추면 안 된다. 바로 행동하는 것이 중요하다.

철학자 프랜시스 베이컨은 다음과 같이 말했다.

'아는 것이 힘이다.'

옳은 말이다. 그러나 이 문장을 완벽하게 만들려면 단어 하나를 더 넣어야 한다.

'아는 것을 실천해야 힘이다.'

실천하지 않는 앎은 진정한 배움이 아니다."[29]

"우리가 아는 세상은 변하고 있으며
결코 원래의 모습으로 돌아가지 않는다는 사실을.
세상은 변하고 있다."

"'아는 것을 실천해야 힘이다.'
실천하지 않는 앎은 진정한 배움이 아니다."

문제해결 시스템

심리학자 이민규의 저서 《끌리는 사람은 1%가 다르다》에 담긴 내용이다.

"문제해결의 3단계 - ACT

1. A(Accepting): 문제 상황을 인식하고 자기 문제를 인정한다.

2. C(Choose): 많은 대안을 창출하고 가장 효과적인 해결책을 선택한다.

3. T(Taking Action): 선택한 해결책을 활용하고 실천한다."[30]

《킹덤 빌더 라이프 스타일》의 저자 손기철 박사는 책에서 세가지 질문을 던져보라고 조언한다.

"어떤 일이 주어졌을 때 해야 하는지 말아야 하는지를 알려면, 우선 멈춤-확인-결정PCD의 시간을 가지고 다음 세 가지를 생각해 보는 것도 좋습니다.

'필요한가?', '중요한가?', '시급한가?'"[31]

"무슨 일을 하더라도 먼저 시간을 들여 어떻게 하면 시스템화할 수 있을까를 생각해 보아야 합니다. 시스템화한다는 것은 조직화, 체계화, 자동화를 통하여 새로운 라이프 스타일을 만드는 것으로, 습관화시킨 만큼 시간 자산을 확보한다는 뜻입니다."[32]

당신이 리더라면《리더십의 법칙 2.0》의 저자 존 맥스웰의 글이 도움이 될 것이다.

"문제와 해결 방법을 위한 여섯 가지 틀.

내가 가진 틀은 여섯 가지 중요한 항목으로 이루어져 있다.

- 리더십 : 이 문제가 내 팀원들에게 어떤 영향을 미치는가?

- 인력 : 이 문제에서 나를 도와줄 적절한 인력이 있는가?

- 타이밍 : 지금이 해법을 실행할 적절한 시기인가? 해법을 실행할 충분한 시간이 있는가?

- 비전 : 이 문제가 우리가 추구하는 목표에 어떤 영향을 미치는가?

- 우선사항들 : 이 문제가 나나 팀으로 하여금 우선순위들을 다루지 못하게 만드는가?

- 가치 : 이 문제가 나와 팀의 가치를 훼손하고 있는가?"[33]

"어떤 문제에 대해 걱정이 생길 경우,

다음의 3단계를 생각해 보라.

첫째,

문제가 무엇인가?

둘째,

해결방안은 무엇인가?

셋째,

최선의 대안 선택, 행동한다."

문제보다 반응이 중요

문제만 보는 사람은 무엇을 얻을까? 바로, 더 많은 문제를 얻는다. 가능성을 보는 사람은 무엇을 얻을까? 바로, 더 많은 가능성을 얻는다.[34]

질문을 바꾸는 것도 지혜로운 방법이다.
"이 일을 할 수 있을까?"라고 절대, 절대 묻지 마라.
지금부터는
"이 일을 어떻게 할 수 있을까?"라고 묻기 시작하자.[35]

문제에 대해 잘못된 반응을 보임으로써 대수롭지 않은 문제를 진짜 큰 문제로 만드는 것이 바로 문제다. 중요한 것은 나에게 어떤 일이 일어났느냐가 아니라 내 안에 일어난 일에 대해 어떤 반응을 보이느냐이다.

프랭클린 루스벨트, 헬렌 켈러, 윈스턴 처칠, 앨버트 슈바이처, 마하트마 간디, 알베르트 아인슈타인 등 300명의 인물 가운데 4분의 1이 시각 장애, 청각 장애, 소아마비 등의 장애를 갖고 있었다. 나머지 4분의 3중에도 가난했거나 깨어진 가정출신, 그렇지 않더라도 최소한 행복하지는 않은 환경 속에서 성장한 사람들이 많았다.

꿈은 오늘이다

그들은 장애물을 성공의 디딤돌로 삼았다. 그들은 살아가면서 자신이 모든 환경을 결정할 수는 없지만 그 환경을 대하는 태도는 선택할 수 있다는 사실을 잘 알고 있었다.[36]

불가능이라는 뜻을 가진 영어단어 'Impossible'에 점(') 하나를 찍으면, 'I'm possible'이 된다. 문제를 만났을 때, 어떻게 반응하느냐가 정말 중요하다. 문제보다 반응이 중요하다. 부정보다 긍정, 불가능보다 가능한 방향으로 반응하는 것이다. 작은 문제를 크게 보는 걱정스러운 반응이 아니라, 열정으로 문제를 뛰어넘어 할 수 있다는 반응이 문제해결의 힘이 된다.

문제에 대한 반응

문제를 잘 해결하는 법

1. 우선 문제를 정의한다.

2. 미래에서 현재를 바라본다.

3. 문제해결 시스템을 만들어 간다.

4. 문제보다 반응이 더 중요함을 잊지 않는다.

꿈은 오늘이다

알 : 알게된 것(지식)

....
....
....
....

깨 : 깨닫거나 감동한 것(자아 성찰)

....
....
....
....

실 : 실천할 것(삶에 적용)

....
....
....
....

성경으로 배우는 지혜

"어린아이의 문제를 부모에게 이야기하면,

그 문제는 부모의 문제가 되고

어린 자녀는 마음의 평안을 얻는다."

세계 최고의 베스트셀러, 《성경》에는 인물들의 고난과 시련, 다양한 문제가 담긴 이야기가 가득 차 있다. 내용은 다르지만, 사람을 의지하면 망하고 하나님이 함께하시면 회복과 기적을 경험하는 수많은 사건이 있다.

당신이 크리스천이라면, 지금 겪고 있는 문제와 힘겨움 속에 반드시 하나님의 섭리가 담겨 있다. 그것이 무엇인지는 사람마다 다르다. 그분은 획일성보다 다양성을 좋아하시기 때문이다. 나에게 닥친 문제가 무엇인지, 하나님의 관점으로 바라보는 것이 중요하다.

요리하는 칼이 궁금한 네 살 자녀에게, 날카로운 칼을 주는 부모는 없을 것이다. 당연히 위험하기 때문이다. 칼의 속성과 사용법을 잘 몰라 자칫 큰 사고가 날 수 있다. 칼을 달라고 떼를 써도, 지금은 부모가 자녀에게 요리용 칼을 줄 때가 아니다.

마찬가지다. 내 앞의 문제가 내 뜻대로 해결이 잘 안 되고 있다면, 크리스천에게는 영적 아빠인 하나님이 아직은 때가 아니라는 메시지일 수 있다. 일생의 관점이 아닌 영원의 관점으로, 근시안적이 아닌 전지전능하신 하나님의 뜻을 구해야 한다. 어쩌면 그 문제가 놀라운 간증의 도구, 기적의 역사가 만들어지는 과정일지도 모른다.

문제에 몰입하여 집착하게 되면 몸과 마음이 피곤해지고 지속하면 소진이 발생할 수 있다. 지혜로운 방안 중 하나는, 문제에 집중하지 않고 기도로 하나님께 의지하는 것이다. 그러면 크게 보였던 문제가 작아지고, 넓은 시야와 긴 호흡으로 반응하게 된다. 마치 어린아이의 문제를 부모에게 이야기하면, 부모의 문제가 되고 어린 자녀는 마음의 평안을 얻는 것처럼 말이다.

빌리 그레이엄 목사는 《인생》이란 책에서 성경과 믿음에 대해 다음과 같이 썼다.

"하나님이 우리 믿음을 강하게 하시려고 우리에게 주신 첫 번째 도구는 성경이다. 성경은 우리의 영적 성장에 필수적이다. 성경 없이는 지속적인 영적 성장이 불가능할 만큼 필수적이다. 우리의 믿음이 성경에 뿌리를 두고 있지 않다면 땅에서 뽑힌 식물처럼 시들어 버릴 것이다. 강한 믿음, 하나님의 말씀에 기초한 믿음만이 우리를 유혹과 의심으로부터 지켜줄 것이다."[37]

우리가 실패와 좌절의 상황에 부닥쳤을 때, 자신의 목표만 붙잡고 잃어버린 것에 연연하면 우리의 삶은 두려움과 절망에 구속되고 만다. 반면에 실패에 연연하지 않고 그 실패를 사용하실 하나님을 신뢰하면 평안함과 자유함 가운데 거할 수 있다. 예수님이 말씀하신 **진리를 알지니 진리가 너희를 자유케 하리라**요 8:32**.**라는 말씀이 그것을 잘 설명해 준다. 그리스도를 따르는 사람은 실패 너머에 있는 하나님의 큰 계획을 볼 수 있는 믿음의 눈을 갖게 된다.[38]

고통과 고난이 '메시지가 되기' 위한 열쇠 가운데 하나라는 점만큼은 확실하다.

본질적으로 고통은 변화시키는 힘이다. 고통을 겪고 나면 반드시 전과는 뭐라도 달라지게 되어 있다.

스스로에게 다음과 같은 세 가지 질문을 던지면 중요한 통찰을 얻을 수 있다.

"하나님은 이 경험을 통해 내가 무엇을 배우기 원하실까?"

"하나님이 이 경험을 어떻게 사용하여 나에게 독특한 메시지를 빚어 주실까?"

"이 경험을 통해 하나님이 나를 어디로 이끌고 계신가?"[39]

위대한 영성가 토미 테니는 《하나님의 관점》 책을 통해 크리스천들에게 다음과 같이 통찰력 있는 메시지를 전하고 있다.

"하나님의 계획에 따라 당신과 나는 하나님의 무한한 자원을 계속해서 요청할 수밖에 없는 위치에 서 있다. 우리가 하나님의 자원을 사용하지 않고 문제를 해결해 갈 수 있다고 느끼는 날부터 우리는 고갈되고 실패하기 시작한다. 그러나 걱정하지 마라. 하늘나라의 지원이 무한하기 때문에 초과 인출은 존재하지 않기 때문이다."[40]

성경에는 가나안 땅 정탐꾼 12명이 소개되고 있다. 두려워한 10명, 문제는 그들은 영적인 망원경을 거꾸로 집어 들었다는 사실이다. 두려움 때문에 그들은 하나님의 크기보다 문제의 크기를 확대시켰다. 그들은 믿음이라고 적힌 쪽으로 본 것이 아니라 두려움이라고 적힌 쪽을

들고 보았다. 여호수아와 갈렙은 믿음을 가지고 문제의 크기 대신 하나님의 크기에 초점을 맞췄다.[41]

문제를 어떤 관점으로 볼 것인가? 정말 중요하다.

"우리가 하나님의 자원을 사용하지 않고

문제를 해결해 갈 수 있다고

느끼는 날부터

우리는 고갈되고 실패하기 시작한다."

"누구를 만나느냐,
인생 대부분이 결정된다."

제 3 장

슬기로운
만남관리

좋은 관계로
내 한계 뛰어넘기

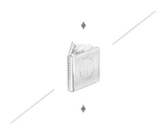

한때 사람들의 태생적 경제 상황을 흙수저, 금수저, 은수저 등으로 상징적 표현을 했다. 비교적 가족경제가 부족하지 않은 집안이라면 '은수저'쯤으로 비유될 수 있을 것이다. 이렇게 경제능력, 즉 '돈'을 기준으로 사람의 수준을 구분하는 것이 바로 마음에 와닿기 때문에, 각종 영화나 드라마에도 종종 사용되었다. 당신은 어떤 수저인가?

기준을 바꾸면 상황이 달라진다. '돈'이 아닌, '관계'로 한번 바꾸어 생각해 보자. 내가 정말 외롭고 힘들 때, 내 옆에 묵묵히 있어줄 사람이 얼마나 있는가? 잠 못 이룰 정도의 고민을 마음 편히 대화할 사람이 있는가? 최소한 2명만 있어도 훌륭한 인간관계일 것이다. 침대가 비싸다고 해서 반드시 행복한 잠을 보장하지 않는다. 그만큼 마음이 중요하다. 사람은 이성적이면서 감성적 존재이기 때문에, 정서적인 좋은 관계가 큰 위로가 되고 치유의 힘이 있다.

인생은 만남 이야기

누구를 만나느냐, 인생 대부분이 결정된다. 태어나서 어떤 부모를 만나고, 학교 다니며 어떤 친구를 만나고, 직장에서 어떤 동료를 만나느냐가 그 사람의 삶에 지대한 영향을 주게 된다. 여기서 내 한계를 뛰어넘는 관계의 힘, 그 실마리를 얻을 수 있다. 그것은 비가역적 상황과 의지적 선택이다. 쉽게 말하면, 내가 할 수 없는 것과 내가 할 수 있는 것이다.

부모를 선택할 수는 없지만, 친구는 의지적으로 선택할 수 있다. 직장을 선택하면서 만나는 동료들도 결정된다. 앞으로 어떤 사람을 만나느냐, 당신의 미래가 된다. 우리가 잘 알고 있는 미국 대통령 링컨의 어머니는 아들에게 친구에 관하여 조언하며, 나쁜 친구를 병균에 비유했다고 한다. 나쁜 사람과 좋은 사람을 구분하자는 것이 아니라, 아들에게 부정적이지 않고 긍정적 에너지를 주는 친구를 만나라는 뜻일 것이다.

"모든 고민은 '인간관계에서 비롯된 고민'이다."[42]

삶은 만남이다.

유아 시절 만나는 선생님과 초등, 중등, 고등을 통해 만나는 선생님도 중요하다. 어느 선생님을 만나는가에 나의 인생이 달라질 수 있다. 누구를 만났는가는 현재 나의 모습이다.

내가 만나고 있는 사람들은 나의 미래의 모습이다.[43]

사람이 사람을 살린다

댄 자드라가 쓴 《파이브》에는 기적 같은 일이 벌어지는 예화를 소개하고 있다. 그 내용은 이렇다.

"1955년, 하와이 카우아이섬에 833명의 아이가 태어났다.

그 아이들을 대상으로 30년 동안 카우아이섬 종단 연구로 불리는 대규모 심리학 실험이 진행되었다.

꿈은 오늘이다

833명의 신생아 중, 201명은 '고위험군'으로 분류된 가정환경 속에서 태어났고, 연구진들은 이 아이들이 사회부적응자로 성장할 거라 판단했다.

그러나 이 모든 예상을 깨고 201명 중 3분의 1에 해당하는 72명이 부유한 환경에서 자란 아이들보다 더 도덕적이며, 성공적인 삶을 이뤄냈다.

부모의 경제적 지원도 받지 못하고 온갖 실패와 좌절 속에서도 훌륭히 자라난 72명의 아이들에게서 연구진은 하나의 공통점을 발견한다.

그것은 아이들 주변에 있었던 '단 한 사람'의 존재.

잘 자란 아이들의 주변에는 언제나, 어떤 상황에서도 아이들을 믿어주고, 무조건적인 사랑을 베풀어 주는 사람이 있었다.

조부모나 친척, 때로는 이웃사람, 선생님 등

잘 성장한 아이들의 옆에는 단 한 명이라도 언제든 내 편이 되어주는 '단 한 사람의 존재'가 있었던 것이다."[44]

탁월한 영성가 헨리 나우웬은 그의 저서 《상처 입은 치유자》에서 이야기한다.

"사람은 자기를 기다려 주는 사람이 한 명이라도 있는 한 온전한 정신으로 생명을 이어갈 수 있습니다. 정말로, 인간의 정신은 그 육체가 쇠약한 상태가 있다 할지라도 육체를 다스릴 수 있습니다. 임종을 눈앞에 둔 어머니는 아들을 보기 전까지는 생사와의 투쟁을 포기하지 않고 숨을 이어갑니다. 그러나 '아무것도, 아무도' 기다리지 않는다면 삶의 투쟁에서 살아남을 가능성은 전혀 없습니다.

'상처 입은 치유자'는 자신의 상처를 먼저 돌보는 동시에, 다른 사람들의 상처를 치유할 수 있도록 준비되는 것입니다."[45]

"성장한 아이들의 옆에는

단 한 명이라도

언제든

내 편이 되어주는

'단 한 사람의 존재'가 있었다."

말의 영향력

우리나라 원로 철학자들은 《인생의 열매들》에서 말하고 있다.

"말에는 세 가지 종류가 있다. 첫째는 입에서 나오는 말이요, 둘째는 머리에서 나오는 말이요, 셋째는 가슴에서 나오는 말이다.

입에서 나오는 말은 얕은 말이다.

꿈은 오늘이다

머리에서 나오는 말은 생각하고 하는 말이다.

가슴에서 나오는 말은 우리에게 감명과 감동을 준다.

진실의 언어만이 인간을 움직이고 우리에게 빛을 준다."[46]

말의 영향력

《미래, 다시 꿈꾸다》책에도 말의 영향력에 관한 설명이 있다.

"물은 사람의 말에 따라 성분이 변합니다. 이것을 과학적으로 증명한 책이 바로『물은 답을 알고 있다』입니다. '고맙습니다' 라는 말을 들은 물은 깨끗한 육각형 결정체로 변하고, '망할 놈', '짜증나' 등의 말을 들은 물은 결정체가 파괴되는 것을 발견했습니다. 즉, 긍정적인 말은 그 진동음이 물질을 좋은 성질로 바꾸고,

반대로 부정적인 말은 물질을 파괴한다는 것입니다. 이 실험은 우리가 일상적으로 사용하는 말이 얼마나 소중한지를 알려줍니다.

사람의 몸은 70%가 물로 되어 있습니다. 그래서 말은 물로 구성된 사람의 기분과 삶을 좌우한다고 합니다. 그런데 우리가 알아야 할 또 하나의 중요한 사실이 있습니다. 말은 물에만 영향을 끼치는 것이 아니라 모든 사물에 대해서도 영향을 끼친다는 것입니다."[47]

"가슴에서 나오는 말은
우리에게 감명과 감동을 준다.
진실의 언어만이
인간을 움직이고 우리에게 빛을 준다."

사람이 먼저다

짐 콜린스는 조직들에게 기업 문화를 모르거나 거부하는 외부인을 채용하지 말라고 조언한다. "사람이 첫째고, 업무는 다음이다."가 콜린스의 지론이다.[48]

꿈은 오늘이다

세계적인 리더십 강사 존 맥스웰은 이야기한다.

"오랫동안 나는 리더들에게 사람들과의 상호작용 속에서 신뢰의 '계좌'를 만들어야 한다고 가르쳐 왔다. 상호작용이 한 번 이루어질 때마다 상대방과의 계좌가 예금되거나 출금된다. 계속해서 신뢰를 예금하기 위한 최선의 방법은 꾸준히 좋은 인격의 본을 보여주는 것이다. 왜 그러한가? 사람들은 리더의 말보다 행동을 보고 신뢰를 느끼기 때문이다. 나는 기업가이자 자선가였던 앤드류 카네기Andrew Carnegie의 말에 전적으로 동감한다. '나이가 먹을수록 사람들의 말에 덜 주목하고 그냥 그들의 행동을 눈여겨보아야 한다.'"[49]

베스트셀러《카네기 인간관계론》에서 저자는 말한다.

"인간의 행동에는 대단히 중요한 법칙이 한 가지 있다. 이 법칙을 따르면 인간관계에 관한 거의 모든 문제를 피할 수 있다. 실제로 이 법칙을 지키기만 하면 많은 친구를 얻을 수 있고 행복을 오랫동안 누릴 수 있다. 그러나 이 법칙을 어기는 순간, 우리는 끝없는 문제에 빠지게 된다. 이 법칙은 다음과 같다."

"항상 상대방으로 하여금
자신이 중요하다는 느낌이 들게 하라."[50]

좋은 인간관계

마음을 따뜻하게 하는《미움받을 용기》에서 철학자가 청년에게 이야기한다.

"인간관계의 중심에 '경쟁'이 있으면 인간은 영영 인간관계에 대한 고민에서 벗어나지 못하고, 불행에서 벗어날 수가 없어. 경쟁의 끝에는 승자와 패자만이 남으니까. 경쟁이나 승패를 의식하면 필연적으로 생기는 것이 열등감이야. 경쟁에서 계속 이긴다고 할지라고 경쟁 속에서 사는 사람은 마음이 편할 새가 없어."

인간이 혼자 사는 것은 원칙적으로 불가능하며, 사회적인 맥락 속에서만 '개인'이 된다. 그렇기 때문에 아들러 심리학에서는 개인으로서의 '자립'과 사회에서의 '협조'를 목표로 내걸었다. 그러면 어떻게 해야 그런 목표를 달성할 수 있을까? 아들러는 여기서 '일', '교우', '사랑'이라는 세 가지 과제를 넘어서라고 말한다. 인간이 살아가면서 직면할 수밖에 없는 인간관계의 과제를.[51]

"책에 얼굴을 너무 가까이 대면 아무것도 보이지 않겠지? 마찬가지로 원만한 인간관계를 맺으려면 어느 정도 거리가 필요하네."[52]

존 맥스웰의《사람은 무엇으로 성장하는가》책에는 만남의 중요성에 대해 말한다.

꿈은 오늘이다

"누구와 어울리고 무엇을 읽는가, 이 두 가지가 바뀌지 않으면 5년 후의 모습도 지금과 똑같을 것이다."_찰스 트레멘더스 존스

우리가 어울려야 할 '큰' 인물은 누구일까? 진실한, 긍정적인 사람, 직업적으로 우리보다 앞선 사람, 우리를 쓰러뜨리지 않고 일으켜 세우는 사람, 저급한 길이 아니라 고매한 길을 걷는 사람, 무엇보다 성장하고 있는 사람이다.[53]

"누구와 어울리고 무엇을 읽는가,

이 두 가지가 바뀌지 않으면

5년 후의 모습도

지금과 똑같을 것이다."

이 세상은 혼자 살아갈 수 없다. 산속에서 이른바 '자연인'으로 살더라고 누군가의 도움 없이는 생활을 지속하는 게 쉽지 않다. 우리는 적어도 한 사람 이상과 연결되어 있다. 부모, 친척, 직장동료, 각종 공동체 등의 사회적 관계망 속에서 살아간다. 누구를 만나느냐, 인생 대부분에 영향을 준다. 좋은 만남으로 당신의 한계를 뛰어넘는 놀라운 경험을 하게 될 수도 있다. 만남은 선택이며, 인간관계는 행복과 진하게 연결되어 있다.

나와 관계된 사회 환경

꿈은 오늘이다

좋은 관계로 내 한계 뛰어넘기

1. 성장하는 사람과 만난다.

2. 좋은 말을 한다.

3. 좋은 행동을 한다.

4. 경쟁 아닌 협력을 중요하게 생각한다.

5. 일보다 사람이 먼저다.

알 : 알게 된 것(지식)

깨 : 깨닫거나 감동한 것(자아 성찰)

실 : 실천할 것(삶에 적용)

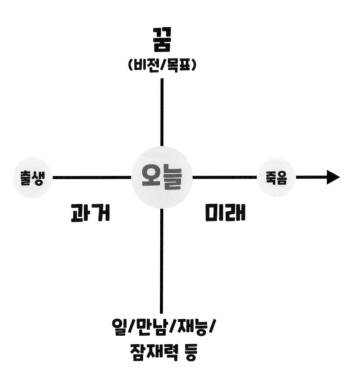

성경으로 배우는 지혜

"기도하기는 어질러진 마음을 정돈하고
피곤한 몸의 쉼과 충전을 넘어
자유와 평안함을 누릴 수 있는 최고의 만남이다."

성경은 항상 기뻐하고, 쉬지 말고 기도하고, 범사에 감사하라고 한다 데살로니가전서5:16~18. 가능할까? 왜, "항상", "쉬지 말고", "범사에"라고 반복적으로 성경에 쓰여 있는 것일까?

| 기도는 호흡이다

기도는 호흡에 비유하곤 한다. 사람이 호흡하지 못하면 답답하고 두렵고 심각한 상황에 부닥칠 수 있다. 숨을 참고 1분 버티기도 힘들다. 기도도 마찬가지다. 성경대로 하나님이 흙으로 만든 사람에게 생기를 불어넣어 살아나게 하신 것처럼, 기도는 하나님과 연결된 호흡이다. 엄마와 태아가 탯줄로 연결되어 함께 생명을 유지하듯, 하나님과 크리스천은 기도로 연결되어 있다.

성경 묵상의 대가 김양재 목사는 《복 있는 사람은》에서 강조한다. "내게 주어진 환경에서 하나님을 전하는 인생만 살면 된다. 뭐가 좋고 나쁘고는 내가 결정하는 게 아니다. 그 환경에서 어떻게 하나님을 전하는 가가 중요하다. 위의 것을 찾는 사람은 위의 것을 찾도록 예수님이 도우신다. 환경을 뛰어넘도록 주님이 도와주신다는 것이다."[54]

"E. M. 바운즈Bounds는 '주님 뜻대로 기도하면 주님이 온 세상의 자원과 사람을 움직이셔서 기도에 응답하신다'고 말했습니다. 그 어떤 상황에도 낙심하지 말고 계속 기도하십시오."[55] 《회복의 빛 예수》에 소개된 말이다.

그렇다. 성경에는 기도하면 천사가 동원되고 차원이 다른 기적과도 같은 수많이 사건이 기록되어 있다. 하나님의 자녀인 우리도 기도하면 그분 뜻대로 반드시 응답해 주신다.

| 기도는 친밀한 관계이다

《당신이 메시지다》의 저자 케리 슉과 크리스 슉는 능력의 기도에 관해 이야기한다.

"그리스도의 능력과 사랑, 절제가 당신 안에 있다. 그리스도께서 당신을 통해 살면서 당신의 힘과 지혜, 능력, 사랑이 되어주고자 하신다.

'하나님, 내게 힘과 능력을 주세요' 이렇게 기도할 필요가 없다. 그저 이렇게 말하면 된다. '하나님, 이 장애물 앞에서 나를 통해 당신의 힘과 능력을 보여주세요.'"[56]

평소에 하나님과 친해놓으면 내게 일이 생겼을 때 하나님이 친히 도와주신다.[57]

영성은 구체적으로 기도와 말씀으로 표현되는데, 그 본질은 '하나님과의 관계'이다.

하나님을 안다고 했을 때, 이 '앎'은 지식이나 정보를 의미하는 것이 아니다. 신학을 의미하는 것도 아니다. '안다'는 히브리어로 '야다'라고 하는데 이는 경험적인 지식을 의미한다. 남편이 아내를 아는 것과 같은 인격적인 앎이다. 이 앎은 함께하는 시간을 통해 형성되는 친밀한 관계를 통해 주어진다.[58]

《내려놓음》 책에서 이용규 선교사는 이야기한다.

"우리는 우리의 인생 계획표를 백지인 채로 하나님께 넘겨드리는 것을 주저한다. 대신 하나님께서 우리가 작성한 계획표를 보시고 결재해 주시기를 바란다.

그러나 하나님은 내려놓으라고 하신다. 왜냐하면 더 좋은 것을 주시기 위해서이다. 내려놓을 때 주어지는 가장 좋은 것은 세상이 줄 수 없는 자유와 평강이다."[59]

미국에서 가장 영향력 있는 교회 중 하나인 윌로우크릭교회 빌 하이벨스 목사는 이렇게 말했다.

"우리 삶 속에 떠다니는 소음을 줄이고, 기대하는 심정으로 하나님의 속삭이심에 귀를 기울이면 우리의 귀가 그 속삭임을 듣게 된다. 그리고 우리가 그 음성을 따라가면 우리의 세상이 진동한다."[60]

고성준 목사는 《데스티니: 하나님의 계획》에서 '만남'으로 역사하시는 하나님의 뜻을 해석해 주고 있다.

"하나님이 우리 삶을 통해 무언가를 잉태하고 낳게 하시는 방법이 있는데, 그것은 '만남'을 통해서다. 다윗은 사무엘을 만나서 왕의 데스티니를 이루었고, 엘리사는 엘리야를 만나서 선지자의 유업을 남기게 되었다. 베드로는 예수님을 만나서 사도가 되었고, 사도 바울은 아나니아를 만나서 눈을 뜨게 되었다."[61]

누구를 만나느냐에 따라 인생이 바뀐다. 기도하기는 사람을 살리는 최고의 영적 만남이다.

"우리 삶 속에 떠다니는 소음을 줄이고,

기대하는 심정으로

하나님의 속삭이심에 귀를 기울이면

우리의 귀가 그 속삭임을 듣게 된다.

그리고 우리가 그 음성을 따라가면

우리의 세상이 진동한다."

"당신이 가장 많이 생각하는 것이
당신의 보물이다."

◆

제 4 장

슬기로운
보물관리

◆

나의 보물,
잘 찾고 관리하기

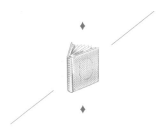

당신은 평소에 무엇을 가장 많이 생각하는가? 아니, 가장 중요하게 생각하는 것은 무엇인가? 가족 구성원이라면, '가족'일 수 있고, 남자 어린아이에게는 생일선물로 받은 '로봇 장난감'일 수 있다. '장기간'이라는 조건을 하나 추가하여 질문을 해보자. 예를 들어, 당신이 최근 3년 동안 변함없이 가장 중요하게 생각하고 있는 것은 무엇인가? 이것을 보통 '보물'이라고 한다.

보물을 찾았다면, 그 보물을 관리하는 것이 무엇보다 중요하다. 새로운 자동차를 구매했다면, 차량관리를 잘하는 것이 기본

꿈은 오늘이다

이다. 운전만 하고 세차를 안 하거나 수시로 정비하지 않는다면 금세 더러워지고 고장 날 가능성이 크다. 제품을 일단 구매했다면, 그다음은 유지하고 관리하는 것이 오래 사용할 수 있는 관건이다. 보물도 찾았다면, 잘 관리하는 것이 슬기로운 자기관리다.

사람에게 보물은 꼭 있다

사람이 보물일 수 있고, 어떤 오래된 물건이 보물일 수도 있다. 국가 주권이라는 거국적인 보물을 지키기 위해 목숨 바친 위대한 조상부터, 장난감이 내 것이라고 서러운 울음을 터뜨리는 어린아이까지 각자의 보물은 다양하다. 다이아몬드처럼 희소한 자원이 금전적으로 높게 평가되지만, 반드시 질과 양을 기준으로 보물이 구별된다고 보긴 어렵다. 그 시대의 상황, 사람들의 문화 등에 따라 다르다. 사춘기 아이들의 경우, 이른바 '아이돌' 가수의 앨범과 포스터가 그 무엇과도 비교할 수 없는 보물일 수 있다.

임신하면 '태교'를 하는 것이 대한민국 문화 중 하나이다. 태교는 임신한 여자가 태아에게 좋은 영향을 주기 위하여 마음을 바르게 하고 언행을 삼가는 일이다_{출처 : 네이버 어학 사전}. 임신한 예비 엄마는 온 마음이 뱃속 태아에 집중된다. 먹든지 마시든지 무엇을 하든지 태아와 연결하여 생각하고 행동하게 된다. 출산하면, 신생아의 부모를 비롯한 관련된 사람들이 아기를 왕처럼 보호하는 상황이 펼쳐진다.

당신이 회사원이든 학생이든 어떤 일을 하고 있든지 간에 보물처럼 여기는 무엇이 있을 것이다. 타인이나 공동체에 피해를 주지 않는다면, 그 보물은 당신의 생활에 힘을 주는 주된 에너지원이 될 것이다. 일정 기간 기대와 설렘으로 살아가는 이유가 될수도 있다. 마음은 유동적이기 때문에 보물도 바뀔 수 있다. 당신에게 주어진 시간과 능력 그리고 조건과 상황을 최대한으로 활용하여 투자한 그 보물이 있는 곳에, 당신의 큰마음이 있다.

"당신에게 주어진 시간과 능력
그리고 조건과 상황을 최대한으로 활용하여 투자한
그 보물이 있는 곳에,
당신의 큰마음이 있다."

미래를 연구하는 많은 리더는 근시안적인 시야를 깨닫고, 멀리 보기를 연습하라고 조언한다.

"당장 현실만 보는 사람은 상황에 따라 이리저리 쉽게 흔들립니다. 하지만 최소한 5년을 내다보고 산다면 흔들리지 않습니다. 10년을 생각하는 사람은 더 큰 여유를 갖게 될 것입니다. 신앙생활도 마찬가지입니다. 신앙생활을 잘하려면 멀리 보기 연습을 해야 합니다. 우리는 이 땅에서의 삶이 전부가 아닌, 영생을 목표로 사는 사람들이기 때문입니다."[62]

《2030 축의 전환》의 저자 마우로 기옌은 새로운 관점을 가져야 한다고 주장한다.

"2030년을 맞이하려면 수많은 새로운 발상에 마음을 열어야 한다. 기존의 믿음이나 행동 방식을 고수하면서 지속적으로 증가하는 기대 수명과 인구 노령화, 그리고 인공지능의 영향력을 살피는 데 도움을 얻겠다는 생각은 안이하다. 이 세상을 움직이는 요소가 엄청나게 많다는 사실을 고려하면 '이미 입증된 생각'은 사실 '시대에 뒤떨어진 생각'이라는 뜻이다. 따라서 새로운 기술들이 끊임없이 등장하는 시대에는 직업과 퇴직, 혹은 장래 문제에 대한 새로운 관점들을 언제든지 받아들일 필요가 있다."[63]

앤서니 라빈스는 그의 저서 《네 안에 잠든 거인을 깨워라》에서 인생의 대전환 사례를 소개하고 있다.

"내 인생은 단 하루 만에 완전히 바뀌었다. 그날 나는 내 인생에서 그냥 무엇을 가지고 싶다거나 무엇이 되고 싶다고 생각한 것이 아니다. 반드시 무엇을 갖게 될 것이고 앞으로 어떤 사람이 되겠다는 중대한 결단을 내렸던 것이다. 아주 간단하지만 결정적인 것이었다.

1983년 나는 수첩을 들고 해변에 앉아서 내가 할 수 있고, 될 수 있고, 가질 수 있고, 창조할 수 있고, 경험하거나 공헌할 수 있다고 생각되는 모든 것에 대해 브레인스토밍을 했다. 3시간 동안이나 계속해서 적어 내려갔다. 이 목표들은 그다음 날부터 20년 동안 장기간에 걸쳐 달성해 가기로 마음먹었다."[64]

"보물이 있는 곳에,
당신의 큰마음이 있다.

보물을 잘 관리하려면
길게 멀리 보기 연습을 해야 한다."

꿈은 오늘이다

《놓치고 싶지 않은 나의 꿈 나의 인생》의 저자 나폴레온 힐은 이렇게 책에 썼다.

"만일 당신이 자기 마음을 조정하지 못한다면 당신은 세상에서 무엇하나 조정하지 못할 것이다. 만약 당신이 이것을 조정할 수만 있다면 비록 당신이 재산이 적은 사람이라고 할지라도 무엇하나 걱정할 것이 없다. 진실로 가치 있는 재산은 당신 마음속에 있다. 당신이 그 마음속의 재산을 사용할 때 주의해야 할 것은 반드시 그 재산을 가치 있는 것에 투자해야 한다는 것이다. 조금이라도 필요 없는 곳에 버리지 않도록 할 일이다. 그 사용 방법을 조절하기 위해 당신에게는 의지의 힘이라는 것이 마련되어 있다."[65]

자기경영 전문가 공병호 박사는《공병호의 자기 경영노트》에서 나를 잘 알아야 한다고 제안한다.

"다양한 직업을 경험하면서 내가 깨달은 건 사람들이 높게 평가하는 것, 사람들이 부러워하는 것은 정작 나의 행복과는 크게 상관이 없다는 것이다. 많이 가지면 가질수록 양보하거나 포기해야 할 것도 늘어나게 된다. 그리고 높은 자리에 오를수록 재량권과 함께 책임의 무게 또한 비례해서 늘어난다.

우리가 제일 먼저 생각해야 할 점은 내가 좋아하는 일, 그리고 잘하는 일이 무엇인지 관찰해서 이것을 찾아내는 일이라고 하겠다."[66]

행동하면, 성취와 기회를 발견한다

일본의 경영 컨설턴트 간다 마사노리는 "성공하기 위한 노하우가 분명한데도 실제 행동으로 옮기는 사람은 1%밖에 되지 않는다. 그러므로 성공하는 것은 간단하다."라고 말한 적이 있다. 그의 말에 따르면 책을 통해 배운 지식을 실천하지 않는 사람이 99%나 된다. 그렇다. 인간관계든 비즈니스든 성공하는 것은 간단하다. 아는 것으로 그치는 99% 대열에서 빠져나와 행동으로 실천하는 1% 대열로 들어가면 된다.

프랜시스 베이컨은 "아는 것이 힘."이라고 말했지만 그것은 옳은 말이 아니다. 아는 것은 행동으로 실천했을 때만 힘이 된다. 우리를 원하는 곳으로 데려다주는 것은 지식이 아니라 실천이다. 실천이란 현재의 이곳에서 원하는 그곳으로 건너가게 해주는 교량이다.

99%를 이해하지만 한 가지도 실천하지 않는 사람보다 1%밖에 이해하지 못해도 그걸 실천하는 사람이 원하는 곳에 더 먼저 도달한다.[67]

《지금 당장 시작하라》의 저자 배리 파버는 지혜로운 행동을 제안한다.

"당신을 둘러싼 모든 일이 정신없이 진행될 때에는 하던 일을 멈추고 주위를 둘러보면서 이를 조화시킬 방법을 찾아보라. 균형을 발견하고 유머를 찾으라. 터널의 끝에서 만나게 될 빛을 예감하면서 인내심을 유지하라. 내면의 조화를 발견하는 사람은 주변 사람들에게도 차분함과 자신감을 전해 줄 수 있다. 그리고 최악의 역경에서도 배울 것이 있다는 사실을 기억하라. 큰 어려움에 부닥쳤을 때, 그 속에서 기회를 발견하라."[68]

행동하기 전에 너무 깊이 생각하면 적절한 때를 놓치기도 한다. 일단 선택과 결정을 했다면, 우선 행동하고 볼 일이다. 사람마다 성향과 기질에 따라 신중하게 검토하고 행동을 유보하는 경우도 있다. 실패도 성공의 과정이라는 생각으로 행동하면, 성취와 기회를 발견할 수 있다.

"아는 것은 행동으로
실천했을 때만 힘이 된다.

우리를 원하는 곳으로 데려다주는 것은

지식이 아니라 실천이다."

내 마음속 보물찾기

존 맥스웰은 《사람은 무엇으로 성장하는가》에서 미국의 우드
로 윌슨 대통령의 프린스턴대학교 학위수여식 연설을 소개하고
있다.

"우리가 살아가는 이 시대는 불안하고 어지럽고 혼란스러우면
서 진로는커녕 방향조차 확실하지 않습니다. 조언하는 목소리는
많지만 미래를 예견하는 목소리는 드뭅니다. 흥분과 들썩임은 난
무하지만 사려 깊은 뜻으로 협력하는 움직임은 거의 보이지 않습
니다. 우리는 주체할 수 없는 기운 때문에 괴로워하며 온갖 일을
벌이지만, 무엇 하나 오래가지 않습니다. 이러한 상황 속에서 지
금 우리가 해야 할 일은 자기 자신을 찾는 것입니다."[69]

아침편지문화재단 고도원 이사장은 그의 저서 《꿈이 그대를
춤추게 하라》에서 인생의 준비사항을 이야기한다.

"자기 길을 가기 전에 몇 가지 중요한 수칙

1. 가고자 하는 방향부터 먼저 정하라.

2. '배낭'을 잘 준비하고 떠나라. 배낭에는 꼭 필요한 것만 담는다. 없

꿈은 오늘이다

어서는 안 될 최소한의 것만 배낭에 넣고, 빠르게 움직일 수 있도록 늘 준비해야 한다. 처음부터 너무 큰 욕심을 내지 말라는 말이다.

3. 길이 안 보이면 기다려라. 때를 기다려라. 그러나 결코 뒷걸음치거나 뒤돌아서지는 말라. 기다리는 시간을 준비의 과정으로 삼으면 반드시 도약할 수 있는 기회가 온다."[70]

내 마음속 보물찾기

나의 보물, 잘 찾고 관리하기

1. 사람에게 보물은 꼭 있다.

2. 길고 멀리 바라본다.

3. 무엇보다 마음관리를 잘한다.

4. 행동하면 보물을 발견할 수 있다.

5. 보물을 찾았다면 기록하고 그려본다.

알 : 알게된 것(지식)

....
....
....
....

깨 : 깨닫거나 감동한 것(자아 성찰)

....
....
....
....

실 : 실천할 것(삶에 적용)

....
....
....
....

성경으로 배우는 지혜

"택배 기사가 배송할 물건을 자기 소유로 착각하면,

그는 물건을 배달하지 않을 것이고,

사람들은 필요한 것을 공급받지 못할 것이다.

사람마다 누군가에게 잘 전해야 할 말과 물건이 있다."

서울대 졸업, 하버드 대학 박사학위 등 최상의 이력을 가진 이용규 선교사가 쓴 《내려놓음》 책의 내용이다.

"그때 나는 다시 확인할 수 있었다. 내가 내 아버지와 함께했을 때 가장 행복하다는 것을. 환경은 그다지 문제 되지 않는다. 내가 하나님을 소유하면 모든 것을 가진 것이다. 정말 중요한 것은 '내가 어느 곳에 가 있느냐'가 아니라 '그곳에 하나님이 나와 함께하시는가'이다."[71]

성경적 연구에 관한 최고의 권위자 중 한 사람인 랜디 알콘은 저서 《돈 소유 영원》에서 크리스천을 하나님의 배달꾼에 비유한다.

"그리스도인은 나눔을 통해 이 세상의 필요를 채우도록 부름 받은 하나님의 '배달꾼'이다. 하나님의 은혜를 전달하는 통로다. 우리는 하나님의 자금을 그분의 나라를 건설하는 데 잘 사용해야 한다. 우리가 하나님의 배달꾼이자 통로임을 잊는 것은 마치 집배원이 배송할 물건을 자기 소유로 착각하는 것과 같다. 그렇게 되면 그는 물건을 배달하지 않을 것이고, 사람들은 필요한 것을 공급받지 못할 것이다."[72]

교회의 본질은 말하는 곳이 아니라 복음을 실천하는 공동체다.[73]

교회는 천국의 사랑을 전달하는 복음유통사업소이다. 복음유통업자로서 각자에게 맡겨진 사역을 힘써 행하는 것이 유통사업소 직원의 행동원칙이다.

세계적 베스트셀러 《목적이 이끄는 삶》의 저자 릭 워렌 목사는 《더불어 삶》 책에 은사와 사역에 대해 자문해 보라고 한다.

"어떤 일을 가장 잘할 수 있을지 섬기는 삶을 위해 나의 은사가 어떻게 사용될 수 있을지를 지체들의 도움을 받아 판단해 보자.

• 다른 사람들을 위해 내가 잘할 수 있는 사역은 무엇인가?
• 다른 사람들에게 내가 가르칠 수 있는 것은 무엇인가?

• 다른 사람들에게 축복이 되기 위해 내가 할 수 있고, 줄 수 있는 것은 무엇인가?"[74]

| 성경적 보물관리

나는 왜, '이곳'에 살고 있을까?

'이곳'은 장소만을 의미하지 않는다. 어떤 공동체에 소속되어 있는지도 포함된다. 흔히 교회는 다니는 건물로 알려져 있다. 교회는 건물뿐만 아니라, 예수 그리스도를 구주로 믿는 사람들이다. 크리스천으로서 어떤 지역교회 공동체에 소속되느냐, 거주지 이상으로 중요하다. 물론 원거리에 있는 교회를 다니며 신앙생활 하는 성도도 있다.

또, '이곳'은 직장과 사업장도 포함될 수 있다. 직장인은 수면시간을 제외하고, 많은 시간을 회사에서 생활한다. 어떤 직장에 다니느냐, 소속되어 있느냐가 그 사람의 현재를 설명한다. 사람들과의 만남이 물리적 장소보다 중요하다.

크리스천에게 우연은 없다. 왜냐하면, **하나님은 태초부터 나에 대한 계획하심이 있다**시편139:16. 성경말씀대로 교회가 예수그리스도의 몸이라는 사실을 믿는다면, 대부분의 질문에 대한 답은 간단해진다. 모든 일은 나를 향하신 하나님의 계획 때문이다. **이미 내 안에 보물이 있다. 네 보물이 있는 그곳에는 네 마음도 있다**마태복음6:19.

우리는 한 분, 한 장소를 위해 지음 받았다. 그분은 바로 예수님이시고, 그곳은 하늘나라이다. 모든 그리스도인의 고향은 하늘나라다. 고향은 안전하고 쉼과 깊은 관계, 소중한 기억이 있는 곳이다.[75]

《성령과 기질》의 저자 팀 라헤이는 말한다.

"수천 명을 상담해 본 후, 나는 모든 정서적 긴장들이 분노와 두려움, 이 둘 중 하나에서 나온다는 결론을 내렸다. 이 두 감정이 특히 중요한 이유는 분노가 성령을 근심하게 하고, 두려움이 성령을 소멸시키기 때문이다. 잠언 4:23은 말한다. **'무릇 지킬 만한 것보다 더욱 네 마음을 지키라 생명의 근원이 이에서 남이니라.'**"[76]

마음관리가 참 중요하다. 큰마음이 있는 곳에 보물이 있기 때문이다. 크리스천의 최종 목적지는 천국이다. 그에게 최고의 보물은 당연 예수 그리스도이다. 마음이 보물에 가 있다면, 일상이 천국일 것이다.

지옥에 가고 싶은 사람은 아무도 없을 것이다. 주어진 삶의 매 순간이 천국 같은 일상이 된다면 얼마나 행복할까?

"정말 중요한 것은
'내가 어느 곳에 가 있느냐'가 아니라
'그곳에 하나님이 나와 함께하시는가'이다."

"타인에게 도움이 될 때
진정한 행복이 있다."

제 5 장

슬기로운
행복관리

진정한 행복
발견하기

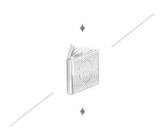

네이버 어학 사전에 따르면, '행복幸福'의 사전적 의미는 '생활에서 충분한 만족과 기쁨을 느끼어 흐뭇함. 또는 그러한 상태'이다. 그렇다면 돈이 많으면 행복할까? 많은 뉴스 기사와 주변 이야기를 보고 들으면, 그렇지 않다. 오히려 돈이 많은 사람, 이른바 부자가 잘못된 선택과 그릇된 행동으로 사회적 비난을 받는 경우가 자주 있다.

사전적 의미대로라면, 일상에서 충분한 만족과 기쁨을 누리며 흐뭇한 마음으로 살아가고 있는지가 행복의 기준이다. 하지만,

꿈은 오늘이다

그 충분함의 내용과 기준은 사람마다 다르다. 현금 1만 원은 현재 초등학교 1학년에게 큰 금액일 수 있지만, 몇십억 부자에게는 아주 적은 금액이다.

자족하며 함께 살기

스스로 현재에 만족하는 태도는 정신건강에도 좋다고 한다. 물론 아무 일도 하지 않으면 아무 일도 일어나지 않는다. 맨몸으로 태어나 지금 입고 있는 옷, 먹을 수 있는 밥, 대화할 수 있는 누군가가 있다는 것이 감사할 일이다. 자족함은 감사함과 맞닿아 있다. 여기서 진정한 행복의 조건을 발견할 수 있다.

진정한 행복의 단서는, 바로 우리는 혼자 살 수 없는 인간이라는 것이다. 지금 주변에 무엇이 보이는가? 만약 식사를 하고 있다면 그 음식 재료를 농사짓고 유통하고 판매한 사람, 요리를 한 사람이 있을 것이다. 간단한 요리법이 담긴 밀키트도 여러 경로를 거쳐 만들어진 생산품이다. 음식을 비롯해 주변 모든 것이 다른 사람과 연결되어 있다.

가장 잘 사는 것은 내가 버는 수입 안에서 자족하며 사는 것이다. 노후에는 수입이 점점 줄어든다. 퇴직 후 수입원이 끊어지기 때문에 가진 돈으로 먹고살아야 하는 시기가 오는 것이다. 그때가 되면 오히려 월수입이 적었던 사람들이 더 잘 살 수 있다. 몸에 밴 검소함으로 주어진 돈 안에서 충분히 행복하고 여유롭게 살 수 있기 때문이다.

하지만 많은 돈을 벌었던 사람들은 정작 그 씀씀이를 줄이기가 쉽지 않다. 줄이는 데는 그만큼 고통이 따른다.[77]

인생은 선택의 연속

기치미 이치로와 고가 후미타케가 쓴 베스트셀러《미움받을 용기》본문에 철학자가 청년에게 들려주는 이야기가 있다.

"우리는 과거의 경험에 '어떤 의미를 부여하는가'에 따라 자신의 삶을 결정한다네. 인생이란 누군가가 정해주는 것이 아니라 스스로 선택하는 걸세. 어떻게 사는가도 자기 자신이 선택하는 것이고…."[78]

한국의 대표 원로 철학자 3명이 쓴《인생의 열매들》책에서는 사람의 욕구에 관해 설명하고 있다.

"사람은 두 가지의 욕구를 갖는다. 하나는 생존의 욕구요, 또 하나는 초생존超生存의 욕구다. 우리는 하루 세 끼를 먹고 마시고

꿈은 오늘이다

배설하고 생식하면서 생물학적인 생존을 계속한다. 그러나 사람은 결코 그러한 생에 만족할 수 없는 존재다. 뭔가 보람 있고 의미 있게 살고 싶어 한다. 나는 인간을 정의하여 '보람을 추구하는 존재'라 말하고 싶다. 이 보람이 곧 초생존의 욕구다."[79]

사람은 보람 있는 선택을 하고 싶어 하는 욕구가 있다.

세상에서 가장 행복한 사람은 다른 사람을 돕는 사람이다. 현대인들은 친절에 굶주려 있다. 그러니 각별히 노력해서 사람들을 배려하도록 하자. 우선 가정에서부터 시작하자. 호의는 늘 상냥한 미소와 따뜻한 포옹, 그리고 친절한 행동을 낳는다.[80]

서로 다름 인정

우리가 아무리 최선을 다한들, 주변에는 몰래 칼을 갈고 있는 사람이 있기 마련이다. 이런 사람들을 원망하는 것은 호랑이에게 채식주의를 권하는 것만큼이나 의미 없는 행위다. 하지만 이런 사람들에게 평소에 작은 배려를 한다면 어려운 문제에 부딪혔을 때 도움을 얻는 경우가 생기기도 한다.[81]

인간관계의 갈등을 줄이고 원만한 관계를 유지하기 위해서는 무엇보다 먼저 '사람들은 모두 다르다'라는 사실을 인정해야 한다. 그리고 머릿속에서 '다른 것=나쁜 것'이라는 공식을 삭제해야 한다. 어떤 유형의 갈등도 상대방의 입장에서 이해하려고 노력하면 해결의 실마리가 보인다.[82]

사회복지용어 중에 '라포형성'이 있다. 쉽게 말해, 상대방과 편안한 관계를 만드는 과정이다. 상담자와 내담자가 친근하고 신뢰감을 느끼고 서로 긍정적인 관계를 형성하는 것이다. 필자는 '라포'를 '다포'로 살짝 수정하여 강의에 활용하곤 한다. '다'는 '다양성'의 맨 앞글자이며 '포'는 '포용성'의 맨 앞글자를 딴 것이다. 다양성을 포용하는 것이 중요함을 강조하려고 새롭게 언어유희를 해본 것이다.

서로 다름을 인정하는 것은 넓은 마음을 갖게 하고 인간관계 갈등을 예방하는 아주 좋은 마음관리 비결이다.

일반적 인생 여정

어떤 강사가 연령대별 인생을 간결하게 표현하였다.

0살에 태어나고

10대에 날로 향상되고

20대에 비전 있고

30대에 분발하고

40대에 활동하고

50대에 대접받고

60대에 은퇴하고

70대에 휴식하고

80대에 햇빛 받고

90대에 누워 있고

100대에 벽에 걸고

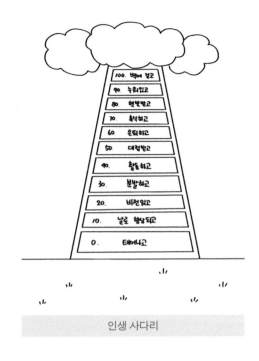

인생 사다리

일부 재미있는 표현이면서, 왠지 모를 씁쓸한 마음도 생긴다.

당신은 연령대별 인생 표현과 인생 사다리 그림을 보고 어떤 생각이 드는가?

고도원의 《꿈이 그대를 춤추게 하라》에 있는 글이다.

"어제 꾸었던 꿈이 오늘 이 자리의 나를 있게 했다. 오늘 꾸는 꿈이 또 내일의 나를 만들 것이다. 꿈이 크면 그 인생도 커지고, 꿈이 아름다우면 그 인생도 아름다워진다. '위대한 나'는 '위대한 꿈'의 결과물인 것이다.

그렇다면 무엇이 위대한 꿈, 위대한 비전일까? 그것이 이루어지면 나도 좋지만 다른 사람에게 더 좋은 것이다. 한 걸음 더 나아가 나에게는 고통이지만 다른 사람에게는 희망이 되는 것, 또한 걸음 더 나아가 나를 죽이고 비우고 버릴수록 다른 사람을 더 많이 살려내고 아름다움과 행복으로 채워지는 것. 그것이 바로 위대한 꿈이며 위대한 비전이다. 꿈도 아름다워야 하지만 그 꿈의 끝도 아름다워야 한다. 그러면 그 꿈의 길을 가는 사람의 인생도 아름다워진다."[83]

"세상에서 가장 행복한 사람은
다른 사람을 돕는 사람이다.

다른 사람을 더 많이 살려내고
아름다움과 행복으로 채워지는 것.
그것이 바로 위대한 꿈이며 위대한 비전이다."

행동과학자인 제럴드 벨이 은퇴한 사람들을 연구한 결과를 소개한다. 일흔다섯 살 노인들이 가장 많이 대답한 내용은 이것이다.

"좀 더 일찍 인생의 주도권을 잡고 목표를 설정하겠다. 인생은 연습이 아니라 '실전이다'."

나머지 대답도 알려주었다.

"둘째, 건강을 좀 더 돌보겠다. 셋째, 돈을 더 잘 관리하겠다. 넷째, 가족과 더 많은 시간을 보내겠다. 다섯째, 자기계발에 더 많은 시간을 사용하겠다. 여섯째, 더 재미있게 살겠다. 일곱째, 경력을 더 잘 계획하겠다. 여덟째, 더 많이 베풀겠다."[84]

안토니 캠폴로 박사가 95세 이상 50명을 대상으로 실시한 사회학적 연구 결과이다. 그는 대상자들에게 "인생을 다시 살 수 있다면 무엇을 바꾸겠습니까?" 하고 질문했다. 그들은 매우 다양하게 답했지만 그는 세 가지 응답이 계속 반복되는 것을 발견했다.

"인생을 다시 살게 된다면 좀 더 심사숙고하는 삶을 살겠다."

"인생을 다시 살게 된다면 좀 더 모험적인 삶을 살겠다."

"인생을 다시 살게 된다면 내가 죽은 후에도 계속될 일을 더 많이 하겠다."[85]

비교 금지

자신의 것을 돌아볼 때 주의할 점이 있다. 남의 것과 비교해서는 안 된다는 것이다. 세상에는 더 많이 가진 자가 언제나 존재하는 법이다.[86]

안희묵 리더는 그의 저서에서 비교의 악영향에 관해 다음의 사례를 소개하고 있다.

"'카페인 우울증'이라는 말이 생겼습니다. 대표적인 SNS인 카카오스토리, 페이스북, 인스타그램의 앞글자를 딴 '카페인'과 이들이 가져다주는 상대적 박탈감과 우울증을 나타내는 말입니다. 실제로 한 해외 대학 연구팀에서 페이스북 사용자를 대상으로 한 설문 조사에서는 '오래 사용할수록 우울감을 쉽게 느끼고 자존감을 떨어뜨린다'라는 결과가 나왔습니다."[87]

비교하는 것은 인간의 잠재된 본능과 연결되어 있다. 사람은 인정받고 싶고 남보다 나아지려는 마음이 있다. 뭔가 남보다 못해 낙심되는 상황은 나보다 더 많이 가진 사람과 비교할 때 발생하곤 한다.

《미움받을 용기》에서 저자는 다른 사람이 아닌, 나와 비교하는 것을 강조한다.

"우리가 걷는 것은 누군가와 경쟁하기 위해서가 아니야. 지금의 나보다 앞서 나가려는 것이야말로 가치가 있다네."[88]

서울대 심리학과 권석만 교수의 국민은행 뉴스레터 기고문 내용이다.

"행복의 비결을 소개하는 대중서적들은 '행복해지려면 비교하지 말라'라고 제시하고 있다. 그렇다. 비교하지 않는 것이 바람직하다. 지금 이대로 나 자신은 이미 충분한 가치를 지닌 온전한 존재라는 것을 깨닫는 것이 중요하다. 다른 사람도 마찬가지다. 서로 비교하는 '도토리 키 재기'의 함정에 빠지지 않는 것은 행복을 위한 핵심적 요소이다. 그러나 비교하지 않고 살아갈 수 있을까? 의식하든 의식하지 않든 우리는 항상 다른 누군가를 비교하고 있다. 비교를 피할 수 없는 것이라면, 비교하되 공정하게 비교하자. 자신보다 열악한 상황에 있는 사람을 만나면, 내 삶이 얼마나 축복받은 삶인가를 느끼고 진심으로 감사하도록 노력하자. 나보다 뛰어난 사람을 만나면 그가 가진 장점을 배우도록 노력하자. 그가 그런 탁월함을 갖추게 된 삶의 방식과 노하우를 익혀 나의 성장과 발전의 발판으로 삼자. 탁월한 동료를 질투의 대상이 아니라 배움의 스승으로 여기자는 것이다."

비교하는 것을 금할 수 없다면, 건강한 비교를 하자. 그 대상은 바로 '과거의 나'이다. 조금씩 점진적으로 성장하고 있는 '나'를 긍정적으로 바라보는 것이다. 최소한 나보다 잘난 사람과 비교하며 자격지심을 갖는 것보다 낫다.

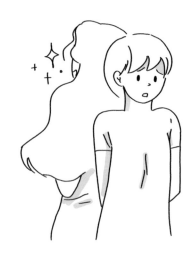

비교 금지

타인 도움은 나를 위한 것

카네기의 글을 읽으면 언제나 반복되는 교훈이 있다. 내 물건을 어떻게 파느냐를 걱정하지 말고 어떻게 상대방을 도울 수 있

꿈은 오늘이다

는가를 염두에 두라는 것이다. 지금은 물건을 파는 사람이 성공하는 것 같아도 세월이 지난 뒤에는 반드시 상대방을 위해 노력한 사람이 성공한다는 진리를 담은 교훈이다.[89]

누군가에게 기쁨이 되었을 때! 바로 그때 우리는 가장 행복할수 있다. 당신은 기쁨을 주는 존재이지 누군가에게 패배감을 주거나 상처를 주는 존재가 아니다.[90]

당신은 어디에서 정체성을 찾는가? 이미지? 성취? 남들의 인정? 아니면 내적 인격에서 정체성을 찾는가? 옳은 선택을 내리고, 자신을 개선하고, 약속을 지키고, 영혼의 건강을 돌보는 일에초점을 맞추고 살아가는가? 외적인 것에 초점을 맞추면 내적인것을 경시하게 된다. 하지만 내적인 것에 초점을 맞추면 외적인것도 반드시 좋아지게 되어 있다.[91]

오스트리아 애들러 박사는 우울증 환자를 치료할 때 이런 처방을 자주 했다고 한다.

"앞으로 매일 남을 기쁘게 하기 위해서 무슨 일을 할지 그것만골똘히 생각하고 실천해 보세요. 2주 동안만 그렇게 살면 당신병은 깨끗이 나을 것입니다."

실제로 그렇게 해서 나은 사람들이 부지기수라고 한다.

변화심리학의 권위자 앤서니 라빈스는 자신의 책《네 안에 잠든 거인을 깨워라》에서 활력을 주는 열 가지 감정을 제시했다.

1. 사랑과 온정

2. 감사하는 마음

3. 호기심

4. 흥분과 열정

5. 결단

6. 유연성

7. 자신감

8. 명랑함

9. 활력

10. 봉사[92]

진정한 행복은 발견하는 것이다. 우선 현재 상황에 감사하고, 타인을 돕는 것이 나를 위함인 것을 깨달아 봉사하는 마음으로 일을 하게 되면 행복한 오늘을 살게 될 것이다.

꿈은 오늘이다

슬기로운 행복관리
진정한 행복 발견하기

1. 자족하며 함께 살아간다.

2. 비교하지 않는다. 비교하고 싶다면,

   '과거의 나'보다 성장한 '현재의 나'와 비교한다.

3. 타인을 돕는다.

4. 봉사한다.

5. 사랑과 감사의 마음을 갖는다.

알 : 알게된 것(지식)

깨 : 깨닫거나 감동한 것(자아 성찰)

실 : 실천할 것(삶에 적용)

꿈은 오늘이다

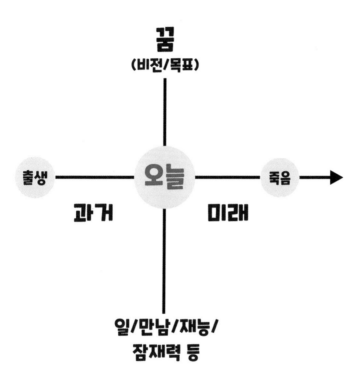

성경으로 배우는 지혜

"인생에는 설계도가 있다.

창조주가 디자인하신 설계도가 있다.

인생의 성공과 실패는 누가 이 설계도에 더 가까운 인생을

살았느냐에 따라 결정되어진다."

필자는 크리스천으로 왜 이 세상에 태어났는지에 대한 이유가 늘 궁금했다. 성경대로 천지 만물을 창조하신 하나님이 사람을 만드셨다는 것을 믿는 믿음의 시간이 꼭 필요한 것 같다.

그럼, 어떻게 사는 것이 행복한 삶일까? 이 또한 성경에 기록되어 있다. 하나님의 기쁘신 뜻을 위하여 우리 각자에게 소원을 두고 행하신다빌립보서2:13. 소원을 '꿈'이라 정의하여, 꿈을 찾고 현실화하는 도구 〈드림매뉴얼 워크북 2.0〉을 책 뒷부분에 수록했다.

스위스의 위대한 사상가 칼 힐티는 이렇게 말했다. "인간 생애의 최
고의 날은 자기의 사명을 자각하는 날이다."[93]

| 부족함은 기적의 재료

성경 속 인물을 살펴보자. 망가짐에서 변화가 시작된다.

야곱은 교활했다.

베드로는 그리스도를 부인했다.

다윗은 간음을 저질렀다.

노아는 만취했다.

요나는 하나님을 피해 도망쳤다.

기드온은 자신감이 없었다.

미리암은 뒤에서 험담을 했다.

마르다는 근심 걱정이 너무 많았다.

도마는 의심의 대명사다.

삭개오는 사람들을 갈취하며 살아왔다.

엘리야는 낙심했다.

모세는 말을 더듬거렸다.

아브라함은 늙었다.

나사로는 죽었다.

좋은 소식은, 하나님이 얼마든지 우리의 망가짐을 복으로 바꿔주실 수 있다는 것이다. 하나님은 실패를 기적으로 바꾸시고 그 과정에서 우리 자신도 바꿔주신다.[94]

《성경적 꿈》의 저자는 말한다.

"섬김이 꿈인 사람은 남을 이용하거나 시기하지 않습니다. 자신의 처지와 환경에 상관없이 그저 주어진 자리에서 섬기는 것으로 기쁨을 누리며 만족하는 것입니다."[95]

| 인생 평가 척도

일류대를 졸업하고 원하던 교수가 아닌 목회자의 길을 걷고 있는 고성준 목사는《데스티니: 하나님의 계획》에 다음과 같이 고백한다.

"하나님께서 주시는 꿈은 반드시 우리의 가슴을 설레게 한다. 소원을 두고 행하게 하시는 분이기에 그렇다."[96]

인생에는 설계도가 있다. 창조주가 디자인하신 설계도가 있다. 인생의 성공과 실패는 누가 이 설계도에 더 가까운 인생을 살았느냐에 따라 결정되어진다. 인생은 그림의 화려함으로 평가되는 것이 아니라 설계도에 얼마나 충실했는가로 평가되어진다.[97]

베스트셀러 작가이자 강사인 피터 스카지로와 워렌 버드는 《정서적으로 건강한 교회》에 이렇게 썼다.

"주님이 허락하신 삶에서 벗어나 방황하고 있는 몇 가지 신호들이 있다.

- 안절부절못한다.
- 허둥지둥 서두른다.
- 몸이 찌뿌드드하다.
- 지나치게 많은 일을 한다.
- 요동치는 마음을 가눌 수가 없다.
- 자동차를 너무 빨리 몬다.
- 사람들과 완전히 어우러지지 못한다.
- 슈퍼마켓에서 줄지어 차례를 기다리는 일상사가 짜증스럽다.
- 하나님과 함께하는 시간을 건성으로 흘려보낸다."[98]

리더십의 대가 존 맥스웰은 《리더십의 법칙 2.0》에서 묻는다.

"당신의 내면을 보라 : 어떤 느낌이 드는가?

당신의 뒤를 보라 : 무엇을 배웠는가?

당신의 주위를 보라 : 사람들에게 어떤 일이 일어나고 있는가?

당신의 위를 보라 : 하나님이 당신에게 무엇을 기대하시는가?

당신의 앞을 보라 : 큰 그림은 무엇인가?"[99]

기준이 바뀌면 그에 따른 조정이 필요하다. 행복도 마찬가지다. 행복의 기준이 바뀌면 새로운 삶의 변화가 일어난다. 그렇다면, 당신이 잘 살고 있다는 삶의 평가 기준은 무엇인가?

"인간 생애의 최고의 날은
자기의 사명을 자각하는 날이다."

꿈은 오늘이다

"행복은 하고 싶은 일과
해야 할 일의 연결이다."

제 6 장

슬기로운
할 일 관리

'하고 싶은 일'과
'해야 할 일' 잘 연결하기

당신이 정말 하고 싶은 일은 무엇인가?

만약 지구상의 사람들이 각자 하고 싶은 일을 행동으로 옮길 수 있다면, 무질서와 혼란 그 자체일 것이다. 인간의 욕망은 끝이 없고, 남을 의식하지 않는 행위는 모두가 함께 망하는 결과를 낳게 된다. 질서 있는 세상을 위해, 하고 싶은 일과 해야 할 일이 잘 연결되어야 한다.

'하고 싶은 일'이 나 중심이라면, '해야 할 일'은 소속된 공동체와 연관이 있다.

꿈은 오늘이다

초등학교 4학년 학생이라면, 계속 놀고 싶겠지만 기본적으로 학교라는 공동체에서 규칙을 배우고 수업을 들어야 한다. 학생의 신분으로 '해야 할 일'을 해야 한다. 성인이 되면 상황은 달라진다. 국가라는 큰 공동체부터, 직장의 부서, 가족 공동체 등에 소속된다. 해야 할 일, 즉 기본적 의무를 수행하며 하고 싶은 일을 하게 된다. 직장인이라면, 생계를 위해 하기 싫은 일도 해야 한다.

하고 싶은 일과 해야 할 일이 같다면 최고의 행복일 것이다. 예를 들어, 어렸을 때 꿈이 아이들을 가르치는 것이었는데, 지금 교사로 일한다면 만족스러운 삶일 것이다. 물론 사람의 욕심은 끝이 없으므로, 하고 싶은 일은 계속 생기게 마련이다. 어떤 공동체에 소속되든지, 조직 안에서 해야 할 일과 하고 싶은 일을 잘 연결하는 것이 행복의 비결 중 하나이다.

"'하고 싶은 일'이 나 중심이라면,
'해야 할 일'은
소속된 공동체와 연관이 있다.

공동체와 조직 안에서 해야 할 일과
하고 싶은 일을

잘 연결하는 것이

행복의 비결 중 하나이다."

열정이 일을 한다

개인 심리학의 아버지라 불리는 오스트리아 심리학자 아들러 박사가 했던 말이다. "중요한 것은 무엇이 주어졌느냐가 아니라 주어진 것을 어떻게 활용하느냐이다."[100]

《폰더 씨의 실천하는 하루》의 저자 앤디 앤드루스는 그의 책에서 열정의 중요성을 이야기하고 있다.

"마음이 확고한 사람은 어린애 같은 장난스러움으로 관습적인 기준에 도전장을 내민다. 비난이나 거절 앞에서도 굴하지 않고 행동에 나서며, 재치 있는 감각을 살려서 우리가 정말로 원하는 것을 얻기 위한 해결책과 활동을 생각해 낸다. 이런 재치 있는 감각은 상황이 우리에게 불리한 방향으로 전개될 때에도 우리 마음 속에 뜨거운 욕망과 단호한 의지를 일깨운다.

확고한 마음을 한 단어로 바꿔 말하면 '열정'이다."[101]

어느 분야에서든 미칠 정도로 매달리지 않으면 최고가 될 수

꿈은 오늘이다

없다. 남들이 뭐라고 하건, 자신이 미칠 정도로 좋아해서 하는 일에는 최고가 될 수밖에 없다. 많이 아는 사람이 좋아서 하는 사람을 못 따라가고, 좋아서 하는 사람이 즐기는 사람을 못 당한다고 했다. 자신의 열정으로 다른 사람들까지 뜨겁게 만들 수 있는 사람이 진정한 리더다.[102]

김형석 · 김태길 · 안병욱 3명의 원로 철학자의 인생 가르침 《인생의 열매들》 책에서 행복한 삶의 비결을 설명한다.

"행복하게 사는 비결은 무엇일까? 그것은 미치는 것이다.

미친다는 것은 열정을 가지고 살아가는 것이다. 미치지 않고는 결코 큰일을 할 수 없고, 큰 인물도 될 수 없다. 그러나 미치되 옳은 일, 높은 목표에 미쳐야 한다.

미친다는 것은 강한 사랑의 대상을 갖는 것이요, 그 대상에 나의 의지와 감정과 정열을 집중하는 것이다.

우리는 갈증을 느끼는 사람처럼 살아야 한다.

우리는 식욕이 왕성한 사람처럼 살아야 한다.

우리는 미칠 줄 알아야 한다. 미치되 올바로 미치고, 오래 미쳐야 한다. 미친다는 말을 도달한다는 뜻이요, 통한다는 뜻이다. 미치려면[及] 미쳐야[狂] 한다. 미쳐야[狂] 미칠[及] 수 있다."[103]

《통찰의 기술》의 저자 신병철은 그의 책에서 추진력의 중요성을 강조하고 있다.

"새로운 것은 언제나 과거의 저항에 부딪히게 마련입니다. 반대하는 사람들은 친구, 직장 동료, 배우자 등 누구든지 될 수 있습니다. 그렇지만 자신이 생각한 대로 추진해야 합니다. 그것이 핵심입니다. 꿈이란 것은 포기하지 않고 밀어붙여야 이루어지는 것이지 아무것도 않으면 말 그대로 꿈일 뿐입니다."[104]

미래 인재의 조건

나와 소속된 공동체가 함께 성장할 수 있는 '미래 인재의 조건'에 대해 미래 학자들은 다음과 같이 이야기한다.

세계적인 석학 다니엘 핑크는 그의 책《새로운 미래가 온다》에서 '미래 인재의 여섯 가지 조건'을 제시했다.

1. 기능만으로는 안 된다. 디자인으로 승부하라.

2. 단순한 주장만으로는 안 된다. 스토리를 겸비해야 한다.

3. 집중만으로는 안 된다. 조화를 이루어야 한다.

4. 논리만으로 안 된다. 공감이 필요하다.

5. 진지한 것만으로는 안 된다. 놀이도 필요하다.

6. 물질의 축적만으로는 부족하다. 의미를 찾아야 한다.

꿈은 오늘이다

이들 재능디자인·스토리·조화·공감·놀이·의미은 앞으로 미래사회에서 직업적 성공과 개인적 만족을 얻기 위한 필수 요소로 떠오를 것이다.[105]

미래학자 최윤식·최현식 박사는 미래사회 인재의 조건으로 다섯 가지를 제안하고 있다.

센스 (Sense)	사물이나 현상에 대한 감각, 판단, 통찰력을 기르라.	직관적 통찰력 훈련된 통찰력
방법 (Method)	조직적이고 체계적인 방법을 갖추라.	종합적/분석적 사고 체계적 업무처리능력
예술 (Art)	자신의 지식과 기술을 예술의 경지로 높여 장인이 돼라.	숙련된 지식 예술적 상상력
관계 (Relationship)	친밀한 관계를 확보하라.	네트워크, 집단지성 인격/성품, 커뮤니케이션 능력
기술 (Technology)	최신 기술을 활용하고 기술 지능을 높여라.	하드웨어/소프트웨어 활용능력 기술 지능

미래 인재 조건 S.M.A.R.T[106]

미래사회에는 숙련된 지식 근로자만 살아남는 시대가 된다. 자기가 가장 자신 있는 분야의 지식을 장인의 수준으로 향상하는 사람만 생존을 보장받을 수 있다.

숙련된 지식에는 두 가지가 있다. 첫째는 학문적 전문성에 기반을 둔 지식이다. 둘째는 주제적 전문성의 지식이다.

미래사회에는 숙련된 지식을 기반으로 현실공간과 가상공간을 자유롭게 넘나들며 새로운 소득을 창출하는 '노동 유목민'이 활동하는 시대가 될 것이다.[107]

해야 하는 일과 연결

《마시멜로 이야기》의 저자 호아킴 데 포사다와 엘러 싱어는 이렇게 글을 썼다.

"행복의 비밀은 좋아하는 일을 하는 데 있지 않고 해야 할 일을 하는 데 있다."[108]

지금은 고인이 되신 이어령 교수와의 인터뷰 내용을 담은《이어령의 마지막 수업》책에 있는 글이다.

"영국 철학자 프랜시스 베이컨이 그랬지. 인간은 세 가지 부류가 있다네. 개미처럼 땅만 보고 달리는 부류. 거미처럼 시스템을 만들어놓고 사는 부류. 개미 부류는 땅만 보고 가면서 눈앞의 먹이를 주워 먹은 현실적인 사람들이야. 거미 부류는 허공에 거미줄을 치고 재수 없는 놈이 걸려들기를 기다리지. 뜬구름 잡고 추

꿈은 오늘이다

상적인 이야기를 하는 학자들이 대표적이야.

마지막이 꿀벌이네. 개미는 있는 것 먹고, 거미는 얽어걸린 것 먹지만, 꿀벌은 화분으로 꽃가루를 옮기고 스스로의 힘으로 꿀을 만들어. 개미와 거미는 있는 걸 gathering 하지만, 벌은 화분을 transfer 하는 거야. 그게 창조야."[109]

당신은 위의 부류 중 어떤 유형에 가깝다고 생각되는가?

자기경영 전문가 공병호 박사는 이야기한다.
"상위 1%에 들어가는 인재는 어떤 특성을 갖고 있을까?
그들은 돈을 좇아서 직업을 선택한 사람들이 아닐 것이다. 의도적이건 아니건 간에 자신의 재능이나 강점과 직업 사이에 절묘한 매치를 이루어 낸 사람들일 것이다.

재능, 강점 그리고 직업 사이에 연결고리를 잘 만들어 낼 수 있는 직업을 찾아야 한다."[110]

재능-강점-직업-사업의 연결

기쁨 생산공장

즐거움과 기쁨은 뭔가를 지속하는 촉진제가 된다. 고된 노동 끝에 급여라는 보상을 받으면 보람과 기쁨이 있다. 작년 여름에 가족들과 즐거운 여행을 다녀왔다면, 올해 또 가고 싶을 것이다. 우리는 모두 기대와 설렘 에너지를 만들어 내는 기쁨 생산공장을 하나씩 가지고 있다.

경제학 박사이자 편집장인 이지훈 작가는 《혼 창 통》에서 재미와 몰입을 설명하고 있다.

"게임을 하는 아이는 그것 때문에 칭찬받거나 상을 받는 것도 아니지만, 스스로 즐기기 때문에 밤새 힘든지도 모르고 게임을 한다. 그런데 즐기는 것이 다른 것도 아닌 자신이 매일 하는 일, 즉 직업이라면 얼마나 좋겠는가? 즐겁게 일하니 고된 것도 잊고 스스로 몰두하게 돼 다른 사람을 크게 능가하는 성과를 올리지 않겠는가? 일을 즐기는 사람은 눈빛부터가 다르다. 마치 어린아이가 새 장난감을 손에 얻는 것처럼 호기심에 젖은 눈을 반짝인다."[111]

즐거움과 기쁨은 누군가와 함께하면 배가 된다. 예를 들어, 골프에서 그 어렵다는 홀인원을 했는데 그 현장에 나 혼자만 있다

꿈은 오늘이다

면 기분이 어떨까? 그 기쁨을 누군가에게 자랑하며 나누고 싶지
않겠는가?

'하고 싶은 일'과 '해야 할 일' 잘 연결하기

1. 열정이 일을 한다.

2. 미래 인재의 조건을 갖춘다.

3. 하고 싶은 일을, 공동체의 해야 하는 일과 연결한다.

4. 나만의 기쁨 생산공장을 잘 관리한다.

알 : 알게된 것(지식)

깨 : 깨닫거나 감동한 것(자아 성찰)

실 : 실천할 것(삶에 적용)

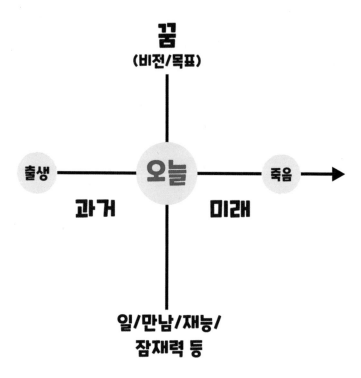

꿈은 오늘이다

성경으로 배우는 지혜

"사람의 몸은 수많은 세포로 구성되어 있다.

각각의 세포가 그 기능을 제대로 못 하면,

아프거나 몸에 문제가 생긴다.

모두 연결되어 있기 때문이다."

《내가 누구인지 이제 알았습니다》의 저자 닐 앤더슨의 말이다.

"하나님은 성경 전체를 통하여 흐르는 한 가지 원리를 확립하셨다. 즉 '하고 싶어서 한 선행이 아닐지라도, 선행을 한 후에는 기분이 좋아진다'는 것이다. 세상에는 우리가 하고 싶지 않은 일이 수없이 많다. 나는 내 책임을 다하기 위해 환자를 방문하지만, 그 일이 늘 즐겁지는 않다. 병원 현관에 발을 들여놓는 순간 풍겨오는 역겨운 냄새를 맡으면이 일을 계속하겠다는 생각이 사라지기도 한다. 그러나 병원을 나올

때는 항상 기분이 좋다. 병원에 간 것이 즐겁다. 선행을 했을 때 우리는 늘 기분이 좋아진다."[112]

| 영성 점검

돈에 대한 성경적 관점과 실제적 지침을 알려주는 책《돈 걱정 없는 크리스천》의 저자 김의수 · 데이비스 서는 마음을 점검하는 방법에 대해 조언하고 있다.

"내가 꿈꾸는 비전이나 목표들이 자기 의에 기반한 것인지 하나님이 주신 마음인지 헷갈릴 때가 있다. 그래서 구분의 기준으로 삼는 것이 '그것을 포기하거나 무無로 돌릴 때 내 마음이 어떤가?' 하는 질문을 해보는 것이다. 하나님으로부터 온 것이라면 내가 추진하던 것이 이루어지지 않아도 아무런 아쉬움이나 서운함이 없다. 오로지 가라고 하시면 가고 서라고 하시면 설 뿐이다. 그러나 내 의로 하려던 것이면 아쉬움과 서운함이 밀려온다. 이런 식으로 나의 마음을 점검하면 실수를 줄이는 데 도움이 된다."[113]

기독교계의 거목 빌리 그레이엄 목사는《인생》이라는 책에서 '하나님의 뜻'을 이야기하고 있다.

"당신을 향한 하나님의 뜻이 무엇인지 알고 싶은가? 당신이 점점 더 그리스도를 닮는 것이다. 이것이 영적 성숙이며, 당신이 이러한 목표를 이룬다면 당신의 삶이 바뀔 것이다. 명심하라. 하나님의 뜻은 바로 당신이 있는 자리에서 그리스도를 점점 더 닮아가는 것이다."[114]

삶이란 여행은 단 한 번뿐이다. 그러니 최선을 다해야 하지 않겠는가?[115]

하나님은 크리스천을 온전하게 하여 봉사의 일을 하게 하며 그리스도의 몸인 교회를 세우려 하신다에베소서4:12.

| 후회 없는 삶

안희묵 목사의 설교집 《회복의 빛 예수》에 있는 글이다.

"하나님은 우리에게 모든 것을 맡기셨습니다. 시간도 맡기고, 돈도 맡기고, 재능도, 은사도, 수많은 영혼도 맡기셨습니다. 우리는 다시 오실 주님을 바라보며 이 모든 것을 잘 사용해야 합니다.

우리가 애쓰고 힘써서 이 땅에서 인정받는 수많은 업적을 세웠어도, 그 노력이 결산하시는 주님 앞에 외면받는다면 실패한 인생을 산 것입니다. 주님 앞에 설 수 없다면 완전히 망한 것입니다. 내가 원하는 것을 얻고 누리는 것이 인생의 최고 목표가 되어서는 안 됩니다. 주님이 다시 오실 때, 주님 앞에서 부끄러울 것이 없는 일꾼으로 인정된 자로 서는 것이 훨씬 더 중요합니다."[116]

"분명히 알아야 할 것은, 선을 행하는 것은 '일'이 아니라는 것입니다. 선한 일은 하나님과의 친밀한 관계 안에서 하나님만을 섬기며 하나님이 좋아하시는 일을 좋아하고, 하나님이 기뻐하시는 일을 기뻐하며, 하나님이 싫어하시는 일은 싫어하는 삶 그 자체입니다."[117]

《일과 영성》의 저자인 팀 켈러는 그의 책에서 일을 선택할 때 기도해야 할 내용을 소개한다.

"일을 하나님과 이웃을 섬기는 도구로 보아야 하며 그 목적에 따라 직장을 선택하고 업무에 임할 필요가 있다. 직업을 선택하기에 앞서 던져야 할 질문은 '무얼 해야 돈을 많이 벌고 출세할 수 있을까?'가 아니라 '지금 가진 능력과 기회를 가지고 어떻게 하면 하나님의 뜻과 이웃의 요구를 늘 의식하면서 최대한 다른 이들을 섬길 수 있을까?'이어야 한다."[118]

우리는 모두 연결되어 있다. 혼자만의 인생인 것 같아도 누군가에게 영향을 주고 있다. 나도 행복하고 내가 사는 곳도 건강하려면, 하고 싶은 일과 해야 할 일을 잘 연결해야 한다. 그것이 함께 성장하는 비결 중 하나이다.

"직업을 선택하기에 앞서 던져야 할 질문은

'무얼 해야 돈을 많이 벌고 출세할 수 있을까?'가 아니라

'지금 가진 능력과 기회를 가지고

어떻게 하면 하나님의 뜻과 이웃의 요구를 늘 의식하면서

최대한 다른 이들을 섬길 수 있을까?'이어야 한다."

슬기로운 자기관리 여섯 가지 키워드

1. 슬기로운 걱정관리
2. 슬기로운 문제관리
3. 슬기로운 만남관리
4. 슬기로운 보물관리
5. 슬기로운 행복관리
6. 슬기로운 할 일 관리

제 7 장

슬기로운
자기관리

슬기로운 자기관리
〈드림매뉴얼〉

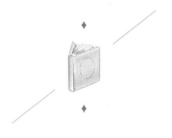

'오늘'을 잘 살기 위한 슬기로운 자기관리, 여섯 가지 키워드는 '걱정, 문제, 만남, 보물, 행복, 할 일'이다. 슬기로운 자기관리를 잘하기 위한 실천적 도구가 바로 〈드림매뉴얼〉이다. 이 책의 부록에 있는 〈드림매뉴얼 워크북 2.0〉은 '꿈이름, 비전선언문, 10대 실천과제, 영적/정신적 영역, 공동체 영역, 개인 영역, 드림 스토리, 나에게 감동을 주는 글'로 구성되어 있다. 〈드림매뉴얼〉은 당신이 슬기로운 자기관리 여섯 가지 내용을 일정한 순서에 따라 체계화하고 정리하는 데 도움이 될 것이다.

꿈은 오늘이다

〈드림매뉴얼〉의 세부 구성은 다음과 같다. 제목의 순서는 〈드림매뉴얼〉의 일반적 작성 순서이다.

제목	주요내용
1. 나의 드림스토리(과거-미래)	• 과거 5개 이상 • 미래 5개 이상
2. 영적/정신적 영역	• 지혜/지식 • 인간관계 • 나눔/봉사 • 역할/사명
3. 공동체 영역	• 부모(부부) • 형제(자녀, 친구) • 모임(공동체)
4. 개인 영역	• 비전 • 직업(꿈의 도구) • 자격(경력) • 건강(음식/운동)
5. 비전선언문	
6. 나에게 감동을 주는 글	
7. 꿈 이름	

※ '8. 10대 실천과제'는 〈부록〉 참조

1. 슬기로운 걱정관리

걱정관리는 '스트레스 관리'를 대표적으로 들었다. '걱정'보다 '스트레스'가 더 일상적이고 객관적인 단어라 판단해서이다. 주변에 스트레스를 받지 않는 사람은 거의 없다. 오늘날 스트레스는 피할 수 있는 것이 아니라, 관리해야 할 과제다. 스트레스를 잘 관리하는 것이 슬기로운 걱정관리다.

슬기로운 걱정관리는 내일 걱정 안 하고, 오늘 잘 사는 법을 알면 도움이 된다. 심리학자를 비롯해 자기관리 전문가들은 '오늘', '지금'을 살라고 강조한다. 지금 걱정하는 일의 96%는 일어나지 않는다고 주장한 학자도 있다.

사람마다 걱정하는 내용은 다르지만, 공통적으로 인간관계와 관련된 경우가 많다. 〈드림매뉴얼〉에도 영적/정신적 영역, 공동체 영역이 관계적인 부분이다. 건강과 진로에 대한 걱정거리는 〈드림매뉴얼〉의 개인 영역과 연결되어 있다.

슬기로운 걱정관리 주요 내용은 〈드림매뉴얼〉의 '영적/정신적 영역, 공동체 영역, 개인 영역'에 반영되어 있다.

제목	주요내용
1. 나의 드림스토리(과거-미래)	• 과거 5개 이상 • 미래 5개 이상
2. 영적/정신적 영역	• 지혜/지식 • 인간관계 • 나눔/봉사 • 역할/사명
3. 공동체 영역	• 부모(부부) • 형제(자녀, 친구) • 모임(공동체)
4. 개인 영역	• 비전 • 직업(꿈의 도구) • 자격(경력) • 건강(음식/운동)
5. 비전선언문	
6. 나에게 감동을 주는 글	
7. 꿈 이름	

2. 슬기로운 문제관리

슬기로운 문제관리는 문제를 만났을 때, 초기 대응에 초점을 두었다. 우선 문제를 정의하는 것이 먼저다. 문제가 무엇이고, 문제의 원인 찾기, 해결 가능한 방법, 최선의 해결책을 선택 실행하는 것이 슬기로운 문제해결 프로세스로 들었다.

사람마다 문제해결 시스템이 다르다. 생각하는 방식도 다르고 소속된 공동체의 특성에 따라 다양하게 문제를 접근하게 된다. 그렇다 하더라도 문제가 닥쳤을 때, 문제가 무엇인지를 정의하는 것이 가장 먼저 할 일이다.

문제에 대한 반응도 중요하다. 어떻게 반응하느냐, 문제의 크기와 깊이에 영향을 미친다. 문제에 너무 감정적으로 반응하게 되면, 작게 보였던 문제를 큰 문제로 만들 수도 있다. 문제와 관련된 사람들과의 이해관계를 고려하되, 이성적 관점으로 문제를 볼 필요가 있다.

슬기로운 문제관리 주요 내용은 〈드림매뉴얼〉의 '영적/정신적 영역, 비전선언문'에 반영될 수 있다.

제목	주요내용
1. 나의 드림스토리(과거-미래)	• 과거 5개 이상 • 미래 5개 이상
2. 영적/정신적 영역	• 지혜/지식 • 인간관계 • 나눔/봉사 • 역할/사명
3. 공동체 영역	• 부모(부부) • 형제(자녀, 친구) • 모임(공동체)
4. 개인 영역	• 비전 • 직업(꿈의 도구) • 자격(경력) • 건강(음식/운동)
5. 비전선언문	
6. 나에게 감동을 주는 글	
7. 꿈 이름	

3. 슬기로운 만남관리

누구를 만나느냐, 인생 대부분이 결정된다고 해도 과언이 아니다. 삶은 만남의 연속이다. 태어나서 부모를 만나고, 학교에서 선생님과 친구를 만나고, 직장에서 동료를 만나고, 일상에서 처음 보는 사람과 만날 수 있다.

좋은 인간관계는 행복한 인생과 연결된다. 대표적인 좋은 인간관계는 성장하는 사람과 만나는 것이다. 좋은 사람은 좋은 말과 행동을 한다. 긍정적 영향력을 끼치는 말을 한다. 좋은 리더는 상대방을 경쟁이 아닌 협력의 대상으로 중요하게 생각한다. 협력적 관계는 시너지 효과를 창출하고 개인의 한계를 뛰어넘는 경험으로 이끈다.

슬기로운 만남관리는 〈드림매뉴얼〉의 인간관계, 나눔/봉사, 역할/사명, 모임공동체, 비전, 직업꿈의 도구 등의 항목과 연결된다. 잘 성장한 아이의 옆에는 그 아이의 편이 되어준 한 사람이 있다고 한다. 그 사람이 바로 당신이라면 정말 좋은 만남이다.

슬기로운 만남관리 주요 내용은 〈드림매뉴얼〉의 '영적/정신적 영역, 공동체 영역, 개인 영역'에 반영되어 있다.

꿈은 오늘이다

제목	주요내용
1. 나의 드림스토리(과거-미래)	• 과거 5개 이상 • 미래 5개 이상
2. 영적/정신적 영역	• 지혜/지식 • 인간관계 • 나눔/봉사 • 역할/사명
3. 공동체 영역	• 부모(부부) • 형제(자녀, 친구) • 모임(공동체)
4. 개인 영역	• 비전 • 직업(꿈의 도구) • 자격(경력) • 건강(음식/운동)
5. 비전선언문	
6. 나에게 감동을 주는 글	
7. 꿈 이름	

4. 슬기로운 보물관리

누구나 보물이 있다. 보물까지는 아니어도 소중하게 여기는 뭔가 있다. 보물은 잘 관리해야 한다. 마음과 보물을 연결한다면, 가장 큰 마음이 있는 곳이 보물이다. 당신의 마음에 크게 영향을 주는 것이 보물이다. 보물을 잘 관리하기 위해서 마음관리가 중요하다.

보물은 짧은 시간보다 긴 시간과 관련된다. 단기적인 관점이 아니라 장기적인 관점이다. 잠깐 사용할 것이 보물인 경우는 거의 없다. 오랫동안 생활할 집이나 자동차가 단적인 예이다. 보물을 발견하려면 길고 멀리 바라볼 필요가 있다.

보물은 가족인 경우가 많다. 사람만큼 소중한 보물은 없을 것이다. 예를 들어, 아기가 생기면 온 가족의 관심이 집중된다. **슬기로운 보물관리**는 〈드림매뉴얼〉의 부모_{부부}, 형제_{자녀, 친구} 등의 사람들과 주로 연결된다.

나의 과거부터 미래까지 꿈의 스토리와도 관련된다.

슬기로운 보물관리 주요 내용은 〈드림매뉴얼〉의 '나의 드림스토리, 공동체 영역'에 반영되어 있다.

꿈은 오늘이다

제목	주요내용
1. 나의 드림스토리(과거-미래)	· 과거 5개 이상 · 미래 5개 이상
2. 영적/정신적 영역	· 지혜/지식 · 인간관계 · 나눔/봉사 · 역할/사명
3. 공동체 영역	· 부모(부부) · 형제(자녀, 친구) · 모임(공동체)
4. 개인 영역	· 비전 · 직업(꿈의 도구) · 자격(경력) · 건강(음식/운동)
5. 비전선언문	
6. 나에게 감동을 주는 글	
7. 꿈 이름	

5. 슬기로운 행복관리

사전적 설명으로 '행복'은 일상에서 충분한 만족과 기쁨이 있는 상태이다. 사람이 항상 만족할 수 있을까? 불가능에 가깝다. 인간의 이기심과 물질적 욕심이 물질문명의 발전을 일으켰다. 그래서 '행복'도 관리가 필요하다. 많은 심리전문가들은 현재 상황에 만족하는 '자족'을 행복의 비결로 권한다.

인간관계에 있어서 남과 비교하기 대신, 서로 다름을 인정하는 것이 **슬기로운 행복관리**이다. 건강한 비교는 지금보다 부족했던 과거의 나와 현재의 나를 비교하는 것이다. 비교한 후 긍정 에너지를 생산하는 방향이 슬기로운 비교이다.

사람은 보람을 추구하는 존재이다. 가장 보람 있는 행동은 남을 도울 때이다. 이타적인 삶은 지구상에서 존경받는 인물들의 공통점이다. 어떤 이는 세상에서 가장 행복한 사람은 다른 사람을 돕는 사람이라고 했다.

슬기로운 행복관리 주요 내용은 〈드림매뉴얼〉의 전반과 연결된다.

제목	주요내용
1. 나의 드림스토리(과거-미래)	• 과거 5개 이상 • 미래 5개 이상
2. 영적/정신적 영역	• 지혜/지식 • 인간관계 • 나눔/봉사 • 역할/사명
3. 공동체 영역	• 부모(부부) • 형제(자녀, 친구) • 모임(공동체)
4. 개인 영역	• 비전 • 직업(꿈의 도구) • 자격(경력) • 건강(음식/운동)
5. 비전선언문	
6. 나에게 감동을 주는 글	
7. 꿈 이름	

'일' 안 하는 사람은 아무도 없다. 숨 쉬는 것도 '일'이다. 생각하는 것, 물건을 사는 것, 노는 것도 '일'이다. 이 책에서는 우리가 사회적 인간이고 공동체의 구성원이라는 관점에서 '일'을 접근했다.

내가 '하고 싶은 일'과 '해야 할 일'이 있다. 크든 작든 소속된 공동체에서 해야 할 일과 하고 싶은 일이 있다. **슬기로운 할 일 관리**는 '하고 싶은 일'과 '해야 할 일'을 잘 연결하는 것이다. 사람은 혼자 살아갈 수 없고, 공동체 안에서 역할을 수행한다. 그 역할이 바로 '해야 할 일'이다. '하고 싶은 일'과 '해야 할 일'이 같다면, 참 행복한 사람일 것이다.

일하는 사람의 열정의 온도를 보면, '하고 싶은 일'과 '해야 할 일'이 얼마나 잘 연결되었는지를 조금은 파악할 수 있다. 열정이 일을 하게 하고, 장애를 뛰어넘게 한다.

슬기로운 할 일 관리는 〈드림매뉴얼〉의 역할/사명, 비전, 직업꿈의 도구 등 진로와 주로 연결된다.

슬기로운 할 일 관리 주요 내용은 〈드림매뉴얼〉의 '영적/정신적 영역, 공동체 영역, 개인 영역'에 반영되어 있다.

제목	주요내용
1. 나의 드림스토리(과거-미래)	• 과거 5개 이상 • 미래 5개 이상
2. 영적/정신적 영역	• 지혜/지식 • 인간관계 • 나눔/봉사 • 역할/사명
3. 공동체 영역	• 부모(부부) • 형제(자녀, 친구) • 모임(공동체)
4. 개인 영역	• 비전 • 직업(꿈의 도구) • 자격(경력) • 건강(음식/운동)
5. 비전선언문	
6. 나에게 감동을 주는 글	
7. 꿈 이름	

나오는 말
당신의 꿈 이름은 무엇입니까?

당신의 꿈 이름은,

당신의 인생 이름이다.

당신의 꿈 이름은 무엇입니까?

우리는 모두 이름이 있다. 가까운 행정기관에 누군가 출생신고를 할 때, 주민등록에 해당하는 공식적 성명이 있다. 연예인들은 본래 이름, 실명과 별도로 예명이나 가명을 사용하기도 한다. 보통 실제 이름, 본명은 상식적으로 내가 지을 수 없다. 내가 태어나기 전에 부모나 친척 또는 작명가가 이름을 지었기 때문이다. 개인적 상황에 따라 법적 절차를 거쳐 개명하는 경우도 있다.

한편 온라인상으로 이메일이나 인터넷 활용을 위해 회원가입 시 아이디를 만들게 된다. 이름을 기초로 하여 영문 알파벳을 사용하거나 어떤 의미를 축약하여 아이디를 짓기도 한다. 다양한 아이디를 사용하여 여러 사이트에 회원가입을 한 경우에는 아이디 찾기를 하는 경우도 종종 발생한다.

당신의 꿈 이름은 무엇입니까?

꿈 이름은 말 그대로 '꿈의 이름'이다. 다른 사람이 지어준 주민등록 성명이 아닌, 당신의 소망과 비전이 담긴 이름이다. 꿈 이름에는 설렘과 기대가 있고 살아갈 목적과 연결되어 있다. 꿈 이름은 꼭 거창할 필요는 없다. 이 책의 〈부록 : 드림매뉴얼 워크북 2.0〉이 당신의 꿈 이름을 짓는 데 좋은 도구가 될 것이다. 꿈 이름을 지어가는 과정이 곧 꿈을 이루어 가는 시간이며, 꿈 이름대로 살아가는 오늘이 연결되어 행복한 내일을 만들게 된다.

저술가인 케빈 홀은 한 단어 전략을 강조했다.
"적극적인 자세로 성장해 인생에서 더 높은 곳에 이르기를 열망하는 사람을 코칭할 때, 나는 먼저 자신을 가장 잘 설명하는 단어 하나를 선택하게 한다. 그것은 책장을 넘겨가며 한 단어를 형광펜으로 칠하는 것과 같다. 그렇게 하면 그 사람의 관심과 의도는 종이 위에 적힌 300여 개의 단어가 아니라 오로지 그 한 단어, 한가지 재능에 집중된다. 무엇이든 집중하면 발전하는 법이다.

당신 자신을 단 하나의 단어로 표현하라면 어떤 단어를 선택하겠는가? 만약 긍정적인 단어가 아니라면 다시 선택하자."[119]

이 하나의 단어가 바로 당신의 꿈 이름이다.

〈드림매뉴얼〉은 당신의
행복한 인생과 설레는 오늘을 도와주는
슬기로운 자기관리 도구이다.

부록

◆

드림매뉴얼 워크북 2.0

◆

〈드림매뉴얼 워크북 2.0〉은 2017년 출간한《드림매뉴얼》초판을
일상생활에서 잘 실천하도록 돕는 워크북이다.

드림매뉴얼은 '꿈 설명서', '나만의 꿈 노트'이다.
꿈을 이루어 가도록 돕는 슬기로운 자기관리 도구이다.

간단한 드림매뉴얼 제작 방식은 다음과 같다.

1. 종이 한 장으로 8쪽짜리 작은 책자(드림매뉴얼)를 만든다.
2. 드림매뉴얼 1~8쪽 큰 제목과 작은 항목을 적는다. 준비 끝.

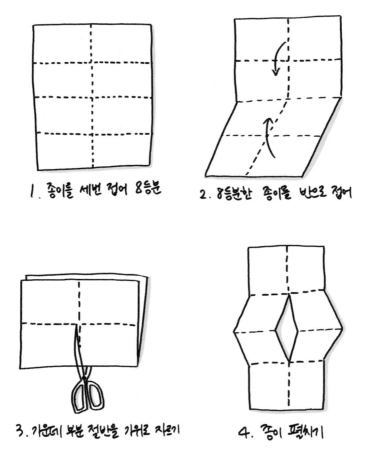

1. 종이를 세번 접어 8등분

2. 8등분한 종이를 반으로 접어

3. 가운데 부분 절반을 가위로 자르기

4. 종이 펼치기

드림매뉴얼 만들기(1~4번)

5. 가운데 두 면을 잡고 벌려주기

6. 한쪽으로 종이를 모으기

7. 예쁜 꿈노트 완성!

드림매뉴얼 만들기(5~7번)

드림매뉴얼 1쪽(앞표지)

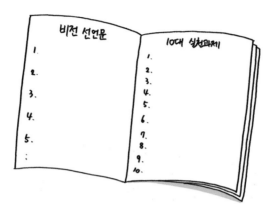

드림매뉴얼 2~3쪽

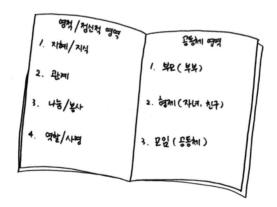

드림매뉴얼 4~5쪽

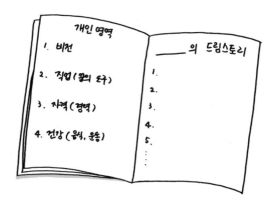

드림매뉴얼 6~7쪽

나만의 〈드림매뉴얼 워크북 2.0〉 작성 방법

0. 앞에서 만든 8쪽짜리 드림매뉴얼 책을 준비한다.

1. 나의 드림스토리(7쪽)를 작성한다.

2. 영적/정신적영역(4쪽)을 작성한다.

3. 공동체영역(5쪽)을 작성한다.

4. 개인영역(6쪽)을 작성한다.

5. 비전선언문(2쪽)을 작성한다.

6. 나에게 감동을 주는 글(8쪽)을 작성한다.

7. 꿈 이름(1쪽)을 작성한다.

8. 10대 실천과제(3쪽)를 작성한다.

※ 드림매뉴얼의 큰 틀은 유지하되, 개인 취향에 따라 자유롭게 조정해도 좋다.
   (예시: '비전선언문' 대신 '사명선언문', '10대 실천과제'를 '0000년 실천과제')

〈드림매뉴얼 워크북 2.0〉의 작성방법에 대한 더 자세한 설명은
《드림매뉴얼 : 자기복지 꿈노트》책을 참조하시기 바랍니다.
• 이메일 문의 : heoneyou@naver.com

1. 나의 드림스토리(7쪽)를 작성한다.

〈작성예시〉

<u>김 현</u> 의 드림스토리

1.　중학교 때 글짓기 대회 입상

2.

3.

4.

5.

6.　2030년 꿈의 카페 '설렘' 오픈

7.

8.

9.

10.

※ 과거 5개, 미래 5개를 기록한다.

_____ 의 드림스토리

1.

2.

3.

4.

5.

6.

7.

8.

9.

10.

2. 영적/정신적영역(4쪽)을 작성한다.

<작성예시>

영적/정신적 영역

1. 지혜/지식

    생활하며 깨달은 것 수첩에 메모하기

2. 인간관계

    절대 적을 만들지 않는다.

3. 나눔/봉사

    1년에 2회 이상 자원봉사 활동하기

4. 역할/사명

    자상한 아빠, 모범적인 사회복지사

※ 실제적으로 작성한다.

영적/정신적 영역

1. 지혜/지식
   ....
   ....

2. 인간관계
   ....
   ....

3. 나눔/봉사
   ....
   ....

4. 역할/사명
   ....
   ....

3. 공동체영역(5쪽)을 작성한다.

〈작성예시〉

공동체 영역

1. 부모(부부)

부모님에게 매주 1회 안부전화, 대화

2. 형제(자녀, 친구)

자녀에게 내 삶이 최고의 유산임을 잊지 않기

3. 모임(공동체)

항상 겸손한 마음으로 만남 갖기

※ 실제적으로 작성한다.

공동체 영역

1. 부모(부부)

2. 형제(자녀, 친구)

3. 모임(공동체)

4. 개인영역(6쪽)을 작성한다.

〈작성예시〉

개인 영역

1. 비전

   2030년 꿈의 카페 '설렘' 오픈

2. 직업(꿈의 도구)

   꿈의 카페 전문 경영인

3. 자격(경력)

   바리스타 자격증, 최고경영자과정 수료

4. 건강(음식/운동)

   1일 5천 보, 야식 금지, 푸시업 100회

※ 비전이 현실이 된 것처럼 실제적으로 작성한다.

개인 영역

1. 비전

2. 직업(꿈의 도구)

3. 자격(경력)

4. 건강(음식/운동)

5. 비전선언문(2쪽)을 작성한다.

〈작성예시〉

김 현 의 비전선언문

1.   성공하는 사람보다 가치 있는 사람이 된다.

2.

3.

4.

5.

6.   긍정적이고 우호적 인간관계를 갖는다.

7.

8.

9.

10.

※ 내가 중요하게 생각하는 가치를 작성한다.

_____ 의 비전선언문

1.
2.
3.
4.
5.
6.
7.
8.
9.
10.

6. 나에게 감동을 주는 글(8쪽)을 작성한다.

<작성예시>

나에게 감동을 주는 글

꿈을 밀고 나가는 힘은

이성이 아니라 희망이며

두뇌가 아니라 심장이다.

※ 내 마음을 응원하고 격려하는 글을 작성한다.

나에게 감동을 주는 글

7. 꿈 이름(1쪽)을 작성한다.

〈작성예시〉

나의 꿈 이름

드림 헬퍼

_____ 년 _____ 월 _____ 일

※ 기대와 설렘이 담긴 꿈 이름을 작성한다.

나의 꿈 이름

_____ 년 _____ 월 _____ 일

8. 10대 실천과제(3쪽)를 작성한다.

〈작성예시〉

김 현 의 10대 실천과제

1.   한 달에 한 권 이상 독서하기

2.

3.

4.

5.

6.   행복한 가족여행 하기

7.

8.

9.

10.

※ 열정적인 마음으로 실천과제를 작성한다.

_____ 의 10대 실천과제

1. ....

2. ....

3. ....

4. ....

5. ....

6. ....

7. ....

8. ....

9. ....

10. ....

드림매뉴얼 활용법

1. 가방이나 지갑에 넣고 다닌다.
눈에서 멀어지면 마음에서도 멀어진다.

2. 수시로 보고 읽는다.
기억하는 최고의 방법은 반복 그리고 반복이다.

3. 실천과제를 열정적으로 실행한다.
열정적으로 행동하면 열정적인 사람이 된다.

4. 일 년에 최소한 한 번은 수정 보완한다.
왜냐하면, 시대환경이 계속 변하기 때문이다.

5. 삶의 멘토나 신뢰 가는 지인과 대화한다.
나만의 좁은 생각일 수 있으므로, 타인을 통한 점검이 필요하다.

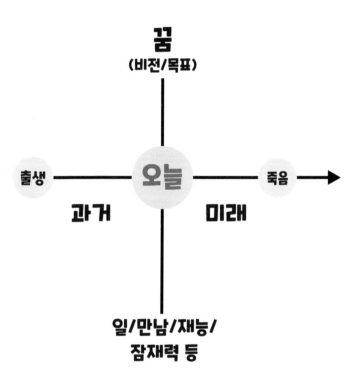

미주

01 《카네기 스트레스론》, 데일 카네기 지음, 최염순 옮김, 2021, p.166
02 《카네기 스트레스론》, 데일 카네기 지음, 최염순 옮김, 2021, p.343~344
03 《미움받을 용기》, 기시미 이치로 · 고가 후미타케 지음, 전경아 옮김, 2014, p.6
04 《미움받을 용기》, 기시미 이치로 · 고가 후미타케 지음, 전경아 옮김, 2014, p.301
05 《파이브》, 댄 자드라 지음, 주민아 옮김, 2015, p.97
06 《더불어 삶》, 릭 워렌 지음, 박원철 옮김, 2005, p.29
07 《놓치고 싶지 않은 나의 꿈 나의 인생》, 나폴레온 힐 지음, 권혁철 옮김, 1996
08 《인생의 열매들》, 김형석 · 김태길 · 안병욱, 2019, p.26
09 《미래, 다시 꿈꾸다》, 안희묵, 2016, p.113
10 《헨리 블랙커비의 영적 리더십》, 헨리 블랙커비 · 리처드 블랙커비 지음, 윤종석 옮김, 2014, p.345
11 《내면세계의 질서와 영적 성장》, 고든 맥도날드 지음, 홍화옥 · 김명옥 옮김, 2020, p.154~155
12 《리더십의 법칙 2.0》, 존 맥스웰 지음, 정성묵 옮김, 2019, p.59
13 《다시 사명이다》, 최윤식 · 최현식, 2016, p.11
14 《2030 축의 전환》, 마우로 기엔 지음, 우진하 옮김, 2022, p.77
15 《2030 축의 전환》, 마우로 기엔 지음, 우진하 옮김, 2022, p.345~346
16 《노는 만큼 성공한다》, 김정운, 2011
17 《사람은 무엇으로 성장하는가》, 존 맥스웰 지음, 김고명 옮김, 2012
18 《복 있는 사람은》, 김양재, 2004, p.92
19 《성령과 기질》, 팀 라헤이에 지음, 홍종락 옮김, 2004, p.185
20 《은혜의 순간》, 튤리안 차비진 지음, 최요한 옮김, 2014, p.241
21 《성경적 꿈》, 노이삭, 2019, p.76~77
22 《헨리 블랙커비의 영적 리더십》, 헨리 블랙커비 · 리처드 블랙커비 지음, 윤종석 옮김, 2014, p.295
23 《내면세계의 질서와 영적 성장》, 고든 맥도날드 지음, 홍화옥 · 김명옥 옮김, 2020, p.314
24 《내가 누구인지 이제 알았습니다》, 닐 앤더슨 지음, 유화자 옮김, 2015
25 《미래, 다시 꿈꾸다》, 안희묵, 2016, p.161
26 《카네기 스트레스론》, 데일 카네기 지음, 최염순 옮김, 2021, p.95
27 《끝날 때까지 끝난 것이 아니다》, R.T.켄달 지음, 백승준 옮김, 2015, p.174
28 《2030 축의 전환》, 마우로 기엔 지음, 우진하 옮김, p.364

29 《마시멜로 이야기》, 호아킴 데 포사다 · 엘러 싱어 지음, 김경환 · 정지영 옮김, 2007, p.17

30 《끌리는 사람은 1%가 다르다》, 이민규, 2011

31 《킹덤 빌더 라이프 스타일》, 손기철, 2019, p.254

32 《킹덤 빌더 라이프 스타일》, 손기철, 2019, p.234

33 《리더십의 법칙 2.0》, 존 맥스웰 지음, 정성묵 옮김, 2019, p.160~161

34 《리더십의 법칙 2.0》, 존 맥스웰 지음, 정성묵 옮김, 2019, p.151

35 《파이브》, 댄 자드라 지음, 주민아 옮김, 2015, p.95

36 《리더십의 법칙》, 존 맥스웰 지음, 강준민 옮김, 2003

37 《인생》, 빌리 그레이엄 지음, 전의우 옮김, 2006, p.131

38 《내려놓음》, 이용규, 2006, p.78

39 《당신이 메시지다》, 케리 슉 · 크리스 슉 지음, 정성묵 옮김, 2015, p.114~115

40 《하나님의 관점》, 토미테니 지음, 이상준 옮김, 2019, p.74

41 《하나님의 관점》, 토미테니 지음, 이상준 옮김, 2019, p.172

42 《미움받을 용기》, 기시미 이치로 · 고가 후미타게 지음, 전경아 옮김, 2014, p.81

43 《내 인생의 로드맵》, 이용재, 2019, p.25~26

44 《파이브》, 댄 자드라 지음, 주민아 옮김, 2015, p.60~62

45 《상처 입은 치유자》, 헨리 나우웬 지음, 최원준 옮김, 1999

46 《인생의 열매들》, 김형석 · 김태길 · 안병욱, 2019, p.187

47 《미래, 다시 꿈꾸다》, 안희묵, 2016, p.105

48 《헨리 블랙커비의 영적 리더십》, 헨리 블랙커비 · 리처드 블랙커비 지음, 윤종석 옮김, 2014, p.389

49 《리더십의 법칙 2.0》, 존 맥스웰 지음, 정성묵 옮김, 2019, p.85~86

50 《카네기 인간관계론》, 데일 카네기 지음, 최염순 옮김, 2021

51 《미움받을 용기》, 기시미 이치로 · 고가 후미타게 지음, 전경아 옮김, 2014, p.109, 135

52 《미움받을 용기》, 기시미 이치로 · 고가 후미타게 지음, 전경아 옮김, 2014, p.175

53 《사람은 무엇으로 성장하는가》, 존 맥스웰 지음, 김고명 옮김, 2012

54 《복 있는 사람은》, 김양재, 2004, p.42

55 《회복의 빛 예수》, 안희묵, 2022, p.153

56 《당신이 메시지다》, 케리 슉 · 크리스 슉 지음, 정성묵 옮김, 2015, p.122

57 《복 있는 사람은》, 김양재, 2004, p.145

58 《나의 데스티니 찾기》, 고성준, 2018, p.183

59 《내려놓음》, 이용규, 2006, p.16~17

60 《당신이 메시지다》, 케리 슉 · 크리스 슉 지음, 정성묵 옮김, 2015, p.145

61 《데스티니: 하나님의 계획》, 고성준, 2016, p.155

62 《미래, 다시 꿈꾸다》, 안희묵, 2016, p.18
63 《2030 축의 전환》, 마우로 기옌 지음, 우진하 옮김, p.351
64 《네 안에 잠든 거인을 깨워라》, 앤서니 라빈스 지음, 조진형 옮김, 2008
65 《놓치고 싶지 않은 나의 꿈 나의 인생》, 나폴레온 힐 지음, 권혁철 옮김, 1996
66 《공병호의 자기 경영노트》, 공병호, 2001
67 《끌리는 사람은 1%가 다르다》, 이민규, 2011
68 《지금 당장 시작하라》, 배리 파버 지음, 김한영 옮김, 2000
69 《사람은 무엇으로 성장하는가》, 존 맥스웰 지음, 김고명 옮김, 2012
70 《꿈이 그대를 춤추게 하라》, 고도원, 2012
71 《내려놓음》, 이용규, 2006, p.49
72 《돈 소유 영원》, 랜디 알콘 지음, 김신호 옮김, 2014, p.458
73 《당신이 메시지다》, 케리 슉 · 크리스 슈 지음, 정성묵 옮김, 2015, p.87~88
74 《더불어 삶》, 릭 워렌 지음, 박원철 옮김, 2005, p.143
75 《돈 소유 영원》, 랜디 알콘 지음, 김신호 옮김, 2014, p.195
76 《성령과 기질》, 팀 라헤이 지음, 홍종락 옮김, 2004, p.150~151
77 《돈 걱정 없는 크리스천》, 김의수 · 데이비드 서, 2017, p.170
78 《미움받을 용기》, 기시미 이치로 · 고가 후미타게 지음, 전경아 옮김, 2014, p.37
79 《인생의 열매들》, 김형석 · 김태길 · 안병욱, 2019, p.154
80 《성령과 기질》, 팀 라헤이에 지음, 홍종락 옮김, 2004, p.228
81 《감사의 힘》, 데보라 노빌 지음, 김용남 옮김, 2008, p.85
82 《끌리는 사람은 1%가 다르다》, 이민규, 2011
83 《꿈이 그대를 춤추게 하라》, 고도원, 2012
84 《사람은 무엇으로 성장하는가》, 존 맥스웰 지음, 김고명 옮김, 2012
85 《리더십의 법칙》, 존 맥스웰 지음, 강준민 옮김, 2003
86 《감사의 힘》, 데보라 노빌 지음, 김용남 옮김, 2008, p.212
87 《미래, 다시 꿈꾸다》, 안희묵, 2016, p.190
88 《미움받을 용기》, 기시미 이치로 · 고가 후미타게 지음, 전경아 옮김, 2014, p.107
89 《인생의 열매들》, 김형석 · 김태길 · 안병욱, 2019, p.84
90 《나의 데스티니 찾기》, 고성준, 2018, p.29
91 《리더십의 법칙 2.0》, 존 맥스웰 지음, 정성묵 옮김, 2019, p.103
92 《네 안에 잠든 거인을 깨워라》, 앤서니 라빈스 지음, 조진형 옮김, 2008
93 《인생의 열매들》, 김형석 · 김태길 · 안병욱, 2019, p.123
94 《당신이 메시지다》, 케리 슉 · 크리스 슈 지음, 정성묵 옮김, 2015, p.114~115
95 《성경적 꿈》, 노이삭, 2019, p.54
96 《데스티니: 하나님의 계획》, 고성준, 2016, p.120
97 《데스티니: 하나님의 계획》, 고성준, 2016, p.35
98 《정서적으로 건강한 교회》, 피터 스카지로 · 워렌 버드 지음, 최종훈 옮김, 2016,
    p.247

99 《리더십의 법칙 2.0》, 존 맥스웰 지음, 정성묵 옮김, 2019, p.261
100 《미움받을 용기》, 기시미 이치로 · 고가 후미타케 지음, 전경아 옮김, 2014, p.53
101 《폰더 씨의 실천하는 하루》, 앤디 앤드루스 지음, 하윤숙 옮김, 2008
102 《간결하면서도 명쾌한 커뮤니케이션 불변의 법칙》, 강미은, 2008, p.146~147
103 《인생의 열매들》, 김형석 · 김태길 · 안병욱, 2019, p.36~39
104 《통찰의 기술》, 신병철, 2008
105 《새로운 미래가 온다》, 다니엘 핑크 지음, 김명철 옮김, 2012
106 《다시, 사명이다》, 최윤식 · 최현식, 2016, p.230
107 《다시, 사명이다》, 최윤식 · 최현식, 2016, p.248
108 《마시멜로 이야기》, 호아킴 데 포사다 · 엘러 싱어 지음, 김경환 · 정지영 옮김,
    2007, 부록
109 《이어령의 마지막 수업》, 김지수, 2021, p.55~56
110 《공병호의 소울 메이트》, 공병호, 2009
111 《혼 창 통》, 이지훈, 2010
112 《내가 누구인지 이제 알았습니다》, 닐 앤더슨 지음, 유화자 옮김, 2015
113 《돈 걱정 없는 크리스천》, 김의수 · 데이비드 서, 2017, p.97
114 《인생》, 빌리 그레이엄 지음, 전의우 옮김, 2006, p.100
115 《인생》, 빌리 그레이엄 지음, 전의우 옮김, 2006, p.16
116 《회복의 빛 예수》, 안희묵, 2022, p.195
117 《미래, 다시 꿈꾸다》, 안희묵, 2016, p.127
118 《일과 영성》, 팀 켈러 지음, 최종훈 옮김, 2013, p.83
119 《사람은 무엇으로 성장하는가》, 존 맥스웰 지음, 김고명 옮김, 2012

꿈은
오늘이다

초판 1쇄 발행 2023. 7. 7.

지은이 김 헌
삽 화 조영지
펴낸이 김병호
펴낸곳 주식회사 바른북스

편집진행 김재영
디자인 양헌경

등록 2019년 4월 3일 제2019-000040호
주소 서울시 성동구 연무장5길 9-16, 301호 (성수동2가, 블루스톤타워)
대표전화 070-7857-9719 | **경영지원** 02-3409-9719 | **팩스** 070-7610-9820

•바른북스는 여러분의 다양한 아이디어와 원고 투고를 설레는 마음으로 기다리고 있습니다.

이메일 barunbooks21@naver.com | **원고투고** barunbooks21@naver.com
홈페이지 www.barunbooks.com | **공식 블로그** blog.naver.com/barunbooks7
공식 포스트 post.naver.com/barunbooks7 | **페이스북** facebook.com/barunbooks7